संजीव कपूर

नो-ऑयल कुकिंग

आल्योना कपूर के सहयोग से

Popular Prakashan
www.popularprakashan.com

राजपाल

खाना खज़ाना पब्लिकेशन्स प्रा. लि. के लिए
पॉप्युलर प्रकाशन प्रा. लि. द्वारा प्रकाशित
पॉप्युलर प्रकाशन प्रा. लि.
३०१, महालक्ष्मी चेंबर्स,
२२, भुलाबाई देसाई रोड
मुंबई - ४०० ०२६

सह प्रकाशक
राजपाल एण्ड सन्ज़
कश्मीरी गेट, दिल्ली - ११० ००६
website: www.rajpalpublishing.com
e-mail: mail@rajpalpublishing.com

प्रथम प्रकाशन : २००६
प्रथम पुर्नमुद्रण २०१२

ISBN 978-81-7028-899-2

बुक डिजाइन : क्रिएटिव कोंशेंट (CQ - ए रेप्रो इंडिया लिमिटेड एंटरप्रायजेस)
फोटोग्राफी : मंगेश परब
फूड स्टाइलिस्ट : हरपाल सिंह सोखी
न्यूटि-शियनिस्ट : प्राची हतवलने और कीर्ति मसुरकर

टाईपसेटिंग
सायबर मिडिया (इंडिया) लिमिटेड
गुरगाँव - १२२ ००१

भारत में प्रकाशित
द्वारा न्यूटेक फोटोलिथोग्राफर्स
नई दिल्ली - ११० ०२०

शेफ की कलम से

अगर सामने चुनौतियां हों तो जिंदगी ज्यादा मजेदार और रोचक हो जाती है। इस पुस्तक को लिखते हुए निश्चित ही अधिक आनंद आया और निस्संदेह यह एक चुनौती भी थी, क्योंकि मेरा संपूर्ण ध्यान इस पर था कि ऑयल फ्री भोजन सुंदर दिखें और स्वादिष्ट भी लगें। मेरा यकीन करें, अब वे उदास दिन गए, जब ऑयल फ्री भोजन का मतलब उबला और स्टीम किया भोजन होता था, जिसमें नमक और काली मिर्च का ही उपयोग रहता था। अब इसका मतलब खिचड़ी और दही नहीं होता। अगर ऑयल फ्री भोजन ही करना है तो पूरे परिवार के साथ आनंद उठाने लायक पाक विधियों को जानने के बाद भोजन का समय सुस्वादु हो सकता है।

लो ऑयल या नो ऑयल के बारे में बहुत कुछ कहा और लिखा गया है, लेकिन इस विषय की कितनी समझदारी बढ़ी है, यह संदेहास्पद है। आधुनिक जीवन के साथ दबाव, तनाव और उनसे संबंधित स्वास्थ्य समस्याएं उत्पन्न हो सकती हैं। विज्ञान की तरक्की ने शारीरिक तनाव दूर करने के अनेक साधन और यंत्र विकसित किए हैं, लेकिन उन राहतों से ही बीमारियां भी पैदा होती हैं। हम लोगों ने आधुनिक जीवन पद्धति के साथ संतुलन बिठा लिया है, लेकिन उसी के अनुरूप अपने भोजन के साथ हम संतुलन नहीं बिठा सके हैं। इस पुस्तक के विचार ने इसी बिंदु पर जन्म लिया और इस पुस्तक की लेखन प्रक्रिया के बारे में जानने में आपकी रूचि बढ़ेगी। मैं तो यही कहूंगा कि यात्रा को भूल जाइए और अंतिम लक्ष्य का आनंद उठाइए। दूसरे शब्दों में मेरी पाक विधियां रोज की रसोई के लिए हैं। आज के युग में जब प्रौढ़ उम्र में होनेवाली बीमारियों में जीवनशैली से जुड़ी बीमारियां तेजी से बढ़ रही हैं तो मेरा पूरा विश्वास हैं कि आप इस पुस्तक का स्वागत करेंगे और इसे अपने रसोईघर में लाकर रखेंगे। यहां हर प्रकार के भोजन की पाक विधियां हैं। हर एक पाक विधि पूर्ण शोध और संपूर्णता के साथ लिखी गयी है।

ऑयल (तेल) पूरी दुनिया में अधिकांश व्यंजनों का महत्वपूर्ण अंश रहा है, यह स्वाद बढ़ाने के साथ व्यंजनों को खुश्बू भी देता है। नारियल तेल, ओलिव तेल और सरसों तेल आदी का उदाहरण ले सकते हैं। लेकिन खुश्बू के साथ ही फैट (वसा) और अधिक मात्रा में कैलोरी भी मिलती है, जो मेडिकल कारणों से हम में से कुछ के लिए प्रतिबंधित है। इस पुस्तक को पढ़ते हुए आप पाएंगे कि हमने किसी प्रकार के तेल, घी, क्रीम या वसापूर्ण सामग्रियों का उपयोग नहीं किया है। लेकिन इसके साथ ही इसका पूरा खयाल रखा गया है कि भोजन और व्यंजनों का स्वाद प्रभावित न हो।

इस पुस्तक की पाक विधियां केवल अपने वजन के प्रति चिंतित व्यक्तियों के लिए ही नहीं हैं। ये आपके और मेरे जैसे उन व्यक्तियों के लिए भी हैं, जो अपनी सेहत के प्रति सचेत हैं। जो सुंदर दिखने के साथ लंबी और बेहतर जिंदगी चाहते हैं। मेरा तो एक ही मंत्र है कि ठीक से खाओ और नियमित रूप से कसरत करो। ये पाक विधियां आपके दैनिक भोजन में बदलाव ला सकती हैं। जब भी ऑयल फ्री कुकिंग की जरूरत हो तो इन पाक विधियों का अवश्य उपयोग करें।

हर सक्रिय व्यक्ति रोजाना १५ ग्राम वसा ले सकता है। लेकिन सच्चाई यह है कि हम निश्चित या आवश्यक मात्रा से बहुत ज्यादा वसा ग्रहण कर लेते हैं, क्योंकि हम में से अधिकांश को नहीं मालूम कि हर भोजन में वसा का कुछ प्रतिशत होता है। गेहूं, दाल, सब्जी, फल, दूध, कॉटेज चीज, दही, दालचीनी, लौंग, तिल और सरसों के दाने में भी वसा रहता है। इसलिए कार्बोहाइड्रेट और प्रोटीन का ध्यान रखते हुए हम प्रतिदिन जो अलग-अलग किस्म के भोजन ग्रहण करते हैं, उनसे मिल रहा अदृश्य वसा स्वस्थ भोजन के लिए बिल्कुल उचित है। मेरे कहने का मतलब है कि नो ऑयल का मतलब भोजन का लिपीड तत्त्व से मुक्त होना नहीं होता।

हमें अपने स्वाद का भी ख्याल रखना चाहिए, क्योंकि वह बहुत जरूरी है। इस पुस्तक की पाक विधियों का यही उद्देश्य भी है। इस संग्रह की सभी पाक विधियां अन्य सहायक व्यंजनों के साथ मिलाकर चार लोगों के अनुपात की है और संतुलित मेन्यू बनती है।

तो एप्रन बांधिए और नॉन स्टिक बर्तनों के साथ इन पाक विधियों को आजमाने और उनके स्वाद लेने के लिए तैयार हो जाइये। ये पाक विधियां सेहतमंद जिंदगी में मददगार होने के साथ आपका दिल भी जीत लेंगी।

हैप्पी कुकिंग

संजीव कपूर

हमारे न्यूट्रिशियनिस्ट के डेस्क से

इन ऑयल फ्री पाक विधियों को प्रस्तुत करने का एक ही उद्देश्य है कि आपके भोजन में कुछ नयापन आए। हम एक ऐसी दुनिया में जी रहें हैं, जो बहुत तेज रफ्तार से आगे बढ़ रही है। तनावपूर्ण जीवनशैली के कारण अधिकाधिक लोग कोलेस्ट्रॉल स्तर बढ़ने के शिकार हो रहे हैं। इसके साथ ही जीवन शैली से जुड़ी बीमारियों या मोटापा, मधुमेह और हाइपर टेंशन आम बात हो गयी है, इसलिए जरूरी हो गया है कि हम अपने भोजन में तेल और फैट की मात्रा कम करें।

वक्त की जरूरत

कसरत और बेहतर स्वास्थ्य की कमी से कोलेस्ट्रॉल स्तर बढ़ जाता है। समय की कमी के कारण हम खुद पर ध्यान देने, खाने की स्वस्थ पद्धति और नियमित कसरत जैसी जरूरी मसलों पर ध्यान नहीं दे पाते। वक्त आ गया है कि हम कमर कसें, क्योंकि अधिकाधिक लोग जीवनशैली से जुड़ी बिमारियों के शिकार हो रहे हैं, जिनसे जिंदगी छोटी होती जा रही है। यह पुस्तक कम फैट के भोजन का दिशानिर्देश देगी। इन व्यंजनों को पकाने के लिए बीज से निकाले तेलों की जरूरत नहीं है।

बदलाव सीखें

अनेक लोग ऑयल फ्री भोजन के फायदे नुकसान के बारे में सोचते हैं। याद रखना चाहिए कि तेल के बगैर हमारा काम नहीं चल सकता, लेकिन कम तेल से हम अपना काम चला सकते हैं। हम जितनी जल्दी वसारहित भोजन स्वीकार कर लें, उतना ही हमारी सेहत के लिए फायदेमंद होगा। एक समोसे के लालच से आपके शरीर में ३६९ कैलोरी का इजाफा हो जाता है। या अपनी पसंदीदा फ्रेंच फ्राई से आप ३६० कैलोरी जोड़ लेते हैं। इसके बदले में दो इडली लें तो उतना ही पेट भरेगा, जबकि सिर्फ ६० कैलोरी ग्रहण होगा। छोटी चीजों से बदलाव आता है। भैंस के दूध से गाय के दूध के सेवन पर आ जाएं तो ५० कैलोरी की बचत होगी और हर सौ ग्राम के सेवन पर २.४ ग्राम वसा शरीर में जमा होगा। वक्त आ गया है आपके चुनाव और बदलाव का।

ऑयल फ्री दुनिया नहीं है

आप इस पुस्तक को पलटने पर पाएंगे कि हमने किसी भी पाक विधि में तेल का उपयोग नहीं किया है। ऐसा भ्रम हो सकता है कि ऑयल फ्री दुनिया भी हो सकती है। पर ऐसा नहीं है। सच है कि हर भोज्य पदार्थ में तेल की मात्रा रहती है - खसखस, धनिया, जीरा, लौंग, काली मिर्च, तिल और हल्दी पावडर में वसा रहता है। लगभग सभी व्यजंनों में इन मसालों का इस्तेमाल हुआ है। आप यह न मानें कि ये वसारहित हैं। इनमें वसा की मात्रा कम रहती है और लो फैट लेना स्वास्थ्य के लिए खतरनाक नहीं है। अगर आप जानना चाहते हैं तो हम बता दें कि १०० ग्राम खसखस में १९.३ ग्राम वसा है। इसी प्रकार काजू, मूंगफली, सूखा नारियल, ताजा नारियल, बादाम और अखरोट में भी पर्याप्त वसा है। अरहर दाल में भी वसा है। १०० ग्राम मूंग में ३.७ ग्राम और १०० ग्राम अरहर में १.५ ग्राम वसा है। दाल कच्ची नहीं खायी जाती है, जब इन्हें पकाया जाता है तो मसालों और बाकी चीजों से भी वसा जुड़ती है।

हमें तेल चाहिए

अगर हमारे शरीर में तेल हो तो वह ठीक से काम करता है। इसके लिए प्राकृतिक तेल बेहतर है। हम सभी जानते हैं कि तेल से स्वाद बढ़ जाता है और खाना लजीज लगने लगता है। सलाद या ओलिव तेल डालने से सलाद भी ज्यादा स्वादिष्ट लगता है। अधिकांश पाक विधियों में तेल रहता है, इससे व्यंजन की अस्वादिष्टता खत्म होती है और व्यंजन खुश्बूदार, नरम और पोषणतत्व से युक्त हो जाते हैं।

हमें वसा (फैट) क्यों चाहिए ?

- वसा एनर्जी का ठोस स्रोत है और वसा घुलने योग्य विटामिन के लिए जरूरी है।
- यह सेल के निर्माण के लिए आवश्यक है। विकास के लिए जरूरी है।
- वसा में एसेंसियल फैटी एसिड (इएफए) रहता है। वसारहित भोजन हो तो शरीर को इएफए नहीं मिल पाता। उससे विकास अवरुद्ध हो सकता है, त्वचा की क्षति हो सकती है और लीवर खराब हो सकता है। इससे त्वचा शुष्क और पपड़ीदार हो सकती है।
- इएफए का निर्माण शरीर में स्वयं नहीं होता। विकास, पुनरुत्पादन, त्वचा और बालों की स्थिति और घाव भरने में यह उपयोगी है। सेल मेम्ब्रेन की संरचना में भी उसकी भूमिका होती है।

वसा नहीं रहने से वजन घटता है। लंबे समय तक वसारहित भोजन लेने से निम्नलिखित समस्याएं हो सकती हैं -

- शुष्क, खुजलीदार और पपड़ीदार त्वचा
- शुष्क, भद्दे और रूसी से भरे बाल
- घाव भरने में देरी
- न्यूरोलॉजिकल बीमारियां
- हृदय रोग (आरटेरियोक्लिरोसिस)
- त्वचा की बीमारियां
- मोतियाबिंद, गठिया और कैंसर जैसी बीमारियां

ऐसा भोजन लेना बेहतर है, जिसमें वसा कम हो, लेकिन आवश्यक प्रोटीन, कार्बोहाइड्रेट, विटामिन और खनिज हों। हमें संतुलित भोजन पर ध्यान देना चाहिए और इसी लक्ष्य से यह पुस्तक तैयार की गई है। अगर एक दिन कुछ ज्यादा वसा ले लिया है तो अगले एक-दो दिन इस पुस्तक की पाक विधि अपना अपना लें।

और याद रखें...

सोच-समझकर खाएं, कसरत करें और लंबी एवं सेहतमंद जिंदगी जिएं।

अनुक्रमणिका

मुख्य व्यंजन - सीफूड, चिकन और मटन

सहायक व्यंजन

मीठी मुलाकातें

संलग्न

सामग्री

२ छोटे चम्मच चाय पत्ती

१६ पुदीने की ताज़ी पत्तियां

४ नींबू छल्ले काटे हुए

२ इंच दालचीनी

४ चकरी फूल

१६ छोटे चम्मच कैस्टर शुगर (पिसी हुई शक्कर)

मोरक्कन मिंट टी

१. चाय पत्ती, पुदीने की पत्तियों, नींबू के टुकडे, दालचीनी, चकरी फूल और कैस्टर शक्कर केतली में डालें।

२. उबला पानी डालें, केतली ढक दें और तीन-चार मिनट तक छोड़ दें।

३. अच्छी तरह हिलाकर शक्कर घोल दें।

४. ग्लास में डालकर गर्मागर्म परोसें।

शाकाहारी | तैयारी ६ मिनट | बनाने में ५ मिनट | परोसें ४ व्यक्तियों को

सामग्री

४ किवी

१/४ कप पुदीने के ताज़ी पत्तियां, बारीक कटी हुई

१/४ कप धनिया की ताज़ी पत्तियां, बारीक कटी हुई

१/२ छोटा चम्मच जीरा, भूना हुआ

१/२ इंच अदरक, बारीक कटा हुआ

५-६ काली मिर्च

३ बड़े चम्मच शक्कर

स्वादानुसार नमक

१ छोटा चम्मच काला नमक

१ बड़ा चम्मच नींबू का रस

जरूरत के मुताबिक कूटी हुई बर्फ

किवी *का पन्ना*

१. तंदूर में किवी को भूनें या अवन में १५०° सेंटीग्रेड/३००° फारेनहाईट/गैस मार्क २ पर भूनें। किवी नर्म हो जानी चाहिए। किवी ठंडा कर छील लें और फिर उसे उंगलियों या लकड़ी के चम्मच से मसल लें।

२. पुदीना और धनिया की पत्तियां, जीरा, अदरक और काली मिर्च का पेस्ट तैयार कर लें।

३. किवी के मसले हुए गूदे को शक्कर, नमक, काला नमक और नींबू के रस के साथ ब्लेंड करें और उसमें पुदीना और धनिया का पेस्ट डालकर अच्छी तरह मिला लें। चार कप पानी डालकर फिर से अच्छी तरह मिला लें।

४. ग्लास में बर्फ की डली रखकर पन्ना भरें और ठंडा-ठंडा परोसें।

शाकाहारी | तैयारी ३० मिनट | बनाने में १० मिनट | परोसें ४ व्यक्तियों को

मोरक्कन मिंट टी

किवी का पन्ना

बनाना एंड हनी स्मूदी

सामग्री

५ मध्यम आकार के केले, कटे हुए

५ बड़े चम्मच शहद

२ बड़े चम्मच नींबू का रस

२ कप पानी निकाला दही, क्रीम रहित दही से बना (स्किम्ड मिल्क)

१० बर्फ की डलियां

१० पुदीने की ताज़ी पत्तियां

१. कटे हुए केले फ्रीजर में एक घंटे के लिए रखें।

२. ब्लेंडर में फ्रीजर से निकाले केले, शहद, नींबू का रस और दही डालकर फेंटे।

३. बर्फ की डलियां डालकर फिर से ब्लेंडर चलाएं।

४. ग्लास में उड़ेलें और पुदीना की पत्तियों से सजाकर परोसें।

शाकाहारी | तैयारी १ घंटा | बनाने में ५ मिनट | परोसें ४ व्यक्तियों को

मस्क मेलन एंड ऑरिन्ज जूस

सामग्री

१/२ खरबूज, १/२ इंच के क्यूब में कटा हुआ

६ संतरे

१/२ मध्यम आकार का तरबूज, बीज निकाला और कटा हुआ

१/२ छोटा चम्मच चाट मसाला

१. संतरे का जूस निकाल कर छान लें। इसे अलग रख लें।

२. तरबूज के टुकड़े ब्लेंडर में डालकर नर्म होने तक चलाएं और छान लें।

३. संतरे और तरबूज के जूस मिला लें। चाट मसाला डालकर अच्छी तरह मिला लें और फ्रिज में ठंडा करें।

४. परोसने के पहले हर ग्लास में खरबूज के टुकड़ों का एक चौथाई हिस्सा डालें और फिर मिलाया हुआ जूस भर लें।

५. तुरंत परोसें।

शाकाहारी | तैयारी १५ मिनट | बनाने में २० मिनट | परोसें ४ व्यक्तियों को

स्वीटकॉर्न एंड प्रॉन चौडर

सामग्री

१/२ कप स्वीट कॉर्न (क्रीम स्टाइल)

१६-२० छोटे प्रॉन, छीले और नसें निकाले हुए

४ मध्यम आकार के आलू, चार टुकड़ों में किए हुए

१ मध्यम आकार का प्याज, चार टुकड़ों में किए हुए

२ इंच सेलरी, तोड़ी हुई

स्वादानुसार नमक

१ छोटा हरा कैप्सिकम, बीज निकाल कर छोटे टुकड़ों में कटा हुआ

८-१० काली मिर्च, कूटी हुई

प्रॉन के स्टॉक के लिए

१०-१२ प्रॉन के सिर तथा कवच

१ तेज पत्ता

५-६ काली मिर्च

२ इंच सेलरी, तोड़ी हुई

१ मध्यम आकार का प्याज, चार टुकड़ों में किया हुआ

१/२ मध्यम आकार की गाजर, स्लाइस की हुई

१. प्रॉन स्टॉक बनाने के लिए प्रॉन के सिर को अच्छी तरह साफ करें और धोएं। पहले से गर्म ग्रिल में इसे आठ से दस मिनट तक भूनें। एक मोटी पेंदी के पैन में छिलके, तेजपत्ता, काली मिर्च, सेलरी, प्याज और गाजर के साथ डालें। पांच कप पानी डालकर उबाल लें। आंच धीमी करें। ढक कर आठ से दस मिनट खौलाएं। मलमल के कपड़े से स्टॉक छानकर अलग रख लें।

२. एक पैन में दो कप प्रॉन स्टॉक के साथ आलू, प्याज, सेलरी, आधा स्वीटकॉर्न नरम होने तक पकाएं। छानकर स्टॉक अलग रख लें। आलू के मिश्रण को ब्लेंडर में डालकर चलाएं। जरूरत हो तो थोड़ा स्टॉक डाल लें।

३. ब्लेंड किए आलू मिश्रण को फिर से पैन में डालें। बाकी स्टॉक, कैप्सिकम और शेष स्वीटकॉर्न मिला लें। धीमी आंच पर दो मिनट पकाएं।

४. प्रॉन डालें और अगले दो मिनट तक पकाएं।

५. कूटी काली मिर्च मिलाएं। स्वाद और गाढ़ापन देख लें। एक मिनट पकाएं। अलग-अलग कटोरियों में डालकर ब्रेडस्टिक के साथ गर्मागर्म परोसें।

मांसाहारी | तैयारी १५ मिनट | बनाने में २० मिनट | परोसें ४ व्यक्तियों को

स्वीटकॉर्न एंड प्रॉन चौडर

टोमाटो एंड बेसिल सूप

टोमाटो एंड बेसिल सूप

सामग्री

२०-२४ मध्यम आकार के टमाटर, चार टुकड़े किए हुए
२४ बेसिल की ताज़ी पत्तियां
२ तेज पत्ते
२० काली मिर्च
२ मध्यम आकार के प्याज, स्लाइस किए हुए
८ लहसुन की कलियां, कटी हुई
२ छह इंच की सेलरी डंठल, बारीक कटी हुई
२ मध्यम आकार की गाजर, मोटी कटी हुई
स्वादानुसार नमक
२ बड़े चम्मच बेसन
२ छोटे चम्मच शक्कर

१. एक नॉन स्टिक पैन गर्म करें। इसमें तेजपत्ते, आधा हिस्सा काली मिर्च और प्याज डालकर तब तक भूनें, जब तक प्याज गुलाबी रंग के न हो जाएं।

२. लहसुन, सेलरी और तीन बड़े चम्मच पानी मिलाएं। इसे हिलाकर गाजर और टमाटर डाल लें।

३. सजाने के लिए बेसिल के छह पत्ते रख लें और बाकी टमाटरों के साथ मिलाकर हिलाएं और नमक डालें।

४. हल्की आंच पर टमाटर नर्म होने तक पकाएं। तीन कप पानी डाल कर सब कुछ उबाल लें। बर्तन ढककर १० से १५ मिनट तक पकाएं।

५. पूरे मिश्रण को छान लें और तरल पदार्थ रख लें। छनी सामग्रिओं में से काली मिर्च और तेजपत्ते निकाल लें। उसे ठंडा होने दें। बाद में ब्लेंडर में पीसकर गीला पेस्ट तैयार कर लें।

६. एक अलग पैन में खुश्बू आने तक बेसन भूनें। गीले पेस्ट को इसमें डालकर मिला लें। रखा हुआ तरल पदार्थ मिलाएं और घोल का गाढ़ापन परख लें।

७. पैन को गर्म करें। शक्कर, नमक, बची हुई काली मिर्च (ताज़ी कूटी हुई) मिलाएं और सूप को कुछ मिनटों तक खौलने दें, फिर इसे छानकर उबाल लें।

८. बेसिल की पत्तियों से सजाएं और गर्मागर्म परोसें।

शाकाहारी | तैयारी १५ मिनट | बनाने में २० मिनट | परोसें ४ व्यक्तियों को

काली गाजर की कांजी

सामग्री

४ बड़ी काली गाजर

४ बड़े चम्मच सरसों, दरदरे कूटे हुए

३ बड़े चम्मच नमक

१$^{१}/_{२}$ बड़े चम्मच दरदरा पिसा हुआ लाल मिर्च पाउडर

शेफ की राय : *अगर काली गाजर उपलब्ध न हों तो लाल गाजर की कांजी बना सकते हैं। गाजर की कांजी अवश्य चख कर देखें।*

१. गाजर छीलकर पानी से धो लें। गाजर के लंबे टुकड़े कर लें।
२. चार लीटर पानी रखने लायक बड़े जार या मिट्टी के बर्त्तन में अठारह कप पानी लें। उसमें गाजर, सरसों पाउडर, नमक और लाल मिर्च पाउडर अच्छी तरह मिला लें।
३. बर्त्तन के मुंह को मलमल के कपड़े से बांध लें।
४. इसे धूप में तीन सा चार दिनों तक रखें। तैयार हो जाने के बाद इसे फ्रीज में रखें।
५. परोसने के पहले अच्छी तरह हिला लें और बड़े ग्लास में गाजर के टुकड़ों के साथ इसे भरकर ठंडा परोसें।

शाकाहारी | तैयारी १० मिनट | बनाने में ३-४ दिन | परोसें ४ व्यक्तियों को

बेलफल शर्बत

सामग्री

१ बेल फल

१ कप शक्कर

कुटी हुई बर्फ, जरूरत के मुताबिक

१. बेल फल को तोड़ लें। बीज निकाल लें। चम्मच से गूदा निकालें और उसे थोड़ी देर के लिए पानी में छोड़ दें। गूदे को छान लें।
२. पैन में तीन कप पानी लें और शक्कर मिला लें। शक्कर घुलने तक पानी गर्म करें। मलमल के कपड़े से इसे छान लें। पूरी तरह से ठंडा कर लें।
३. बेल का गूदा और चाशनी एक साथ ब्लेंडर में डालकर चलाएं। छान लें।
४. लंबे ग्लास में बर्फ के बुरादे डालकर ठंडा परोसें।

शाकाहारी | तैयारी १५ मिनट | बनाने में २० मिनट | परोसें ४ व्यक्तियों को

सामग्री

८ मध्यम आकार की लाल कैप्सिकम

४ बड़े चम्मच नींबू का रस

२ मध्यम आकार के प्याज, बारीक कटे हुए

१२ लहसुन की कलियां, बारीक कटी हुईं

१ बड़ा चम्मच मैदा

५ कप वेजिटेबल स्टॉक (पृष्ठ- १२०)

४-५ बेसिल की ताज़ी पत्तियां

स्वादानुसार नमक

१ छोटा चम्मच शक्कर

५-६ काली मिर्च, कूटी हुई

रेड् कैप्सिकम

सूप विद् लेमन

१. कांटे या छूरी की नोक से लाल कैप्सिकम में छेद कर लें और धीमी आंच पर सीधे पकाएं फिर ठंडे पानी में डालकर छिलका निकाल दें और काट लें।

२. नॉन स्टिक पैन में प्याज और लहसुन मध्यम आंच पर एक मिनट तक पकाएं। मैदा मिला लें और अगले एक मिनट तक भूनते रहें। भूरा होने या खुश्बू आने तक उन्हें भूनें।

३. एक कप वेजिटेबल स्टॉक, कैप्सिकम और बेसिल की दो-तीन पत्तियां मिलाएं। चलाते हुए उबालें। ढक कर तीन-चार मिनट के लिए पकाएं। ठंडा करने के बाद गीला पेस्ट तैयार कर लें।

४. एक पैन में सब कुछ डालें। बचा हुआ स्टॉक मिलाकर उबाल लें।

५. आंच कम कर लें। नमक, शक्कर और कूटी हुई काली मिर्च मिला लें। दो-तीन मिनट तक खौलने दें।

६. नींबू का रस मिला लें। हिलाकर अलग-अलग कटोरियों में डाल लें। बेसिल की बची हुई पत्तियों से सजाकर गर्मागर्म परोसें।

शाकाहारी	तैयारी १५ मिनट	बनाने में २० मिनट	परोसें ४ व्यक्तियों को

रेड् कैप्सिकम सूप विद् लेमन

एप्पल्, पाईन्एप्पल एंड संतरा सलाद

सामग्री

१ बड़ा सेब, बड़े आकार में कटा हुआ

१/२ मध्यम आकार का ताज़ा अनन्नास, बड़े आकार में कटा

२ मध्यम आकार के संतरे, फांक किए हुए

१० पुदीना की ताज़ी पत्तियां

ड्रेसिंग के लिए

१ बड़ा चम्मच नींबू का रस

१ छोटा चम्मच शक्कर

स्वादानुसार नमक

१/२ छोटा चम्मच भूना जीरा, कूटा हुआ

१/२ छोटा चम्मच लाल मिर्च फ्लेक्स

५-६ काली मिर्च, कूटी हुई

एप्पल, पाईन्एप्पल् एंड संतरा सलाद

१. ड्रेसिंग की सारी सामग्रियों को दो बड़े चम्मच पानी में डालकर मिलाएं।

२. सेब, अनन्नास और संतरे के टुकड़े मिलाएं। ड्रेसिंग मिलाकर उलट-पुलट लें।

३. पुदीने की पत्तियों से सजाकर परोसें।

शाकाहारी | तैयारी १० मिनट | बनाने में ५ मिनट | परोसें ४ व्यक्तियों को

सामग्री

$^1/_4$ कप चिकन, उबला और कटा हुआ
१ स्लाइस बैम्बू शूट
३ बड़े चम्मच कॉर्न फ्लॉर
१ छोटे आकार का प्याज, बारीक कटा हुआ
२-३ लहसुन की कलियां, कटी हुई
१ इंच अदरक, कद्दूकस किया हुआ
२ इंच सेलरी, कटी हुई
$^1/_2$ मध्यम आकार की गाजर, कद्दूकस की हुई
१ छोटी पत्तागोभी, कटी हुई
२ ताज़े बटन मशरूम, कटा हुआ
$^1/_2$ मध्यम आकार का हरा कैप्सिकम, बीज निकाला और कटा हुआ
२ फ्रेंच बींस, कटे हुए
$^1/_2$ छोटा चम्मच सफेद मिर्च पाउडर
स्वादानुसार नमक
$^1/_2$ छोटा चम्मच शक्कर
$^1/_2$ छोटा चम्मच एमएसजी (वैकल्पिक)
२ बड़े चम्मच सोया सॉस
२ बड़े चम्मच ग्रीन चिली सॉस
४-५ कप चिकन स्टॉक (पृष्ठ १२०)
२ बड़े चम्मच सिरका
१ हरे प्याज की पत्तियां, बारीक कटे हुए

हॉट एंड सॉर चिकन सूप

१. एक कप पानी में दो-तीन मिनट तक बैम्बू शूट उबाल लें। छानकर ठंडा करें और बारीक काट लें।
२. आधे कप पानी में कॉर्न फ्लॉर मिलाएं।
३. नॉन स्टिक वोक या सॉस पैन गर्म करें। प्याज, लहसुन, अदरक मिलाएं और कुछ सेकंड पकाएं। सेलरी, गाजर, पत्तागोभी, बैम्बू शूट, मशरूम, कैप्सिकम और फ्रेंच बींस मिला लें।
४. दो-तीन मिनट या सब्जियों के गलने तक पकाएं।
५. सफेद मिर्च पाउडर मिलाएं। नमक, शक्कर एमएसजी, सोया सॉस, ग्रीन चिली सॉस अच्छी तरह मिला लें।
६. चिकन स्टॉक चलाते हुए उबालें। कॉर्न फ्लॉर मिश्रण मिलाकर एक मिनट पकाएं। सूप गाढ़ा हो जाएगा।
७. सिरका डालें और हरे प्याज की पत्तियों से सजाकर गर्मागर्म परोसें।

शेफ की राय : *हमने डब्बा बंद बैम्बू शूट इस्तेमाल किया है। इन्हें नमक पानी में सुरक्षित रखा जाता है, इसलिए इस्तेमाल के पहले उन्हें पानी में दो-तीन मिनट उबाल लेना चाहिए।*

माँसाहारी | तैयारी २० मिनट | बनाने में १० मिनट | परोसें ४ व्यक्तियों को

सामग्री

६-८ बटन मशरूम, स्लाइस किए हुए

१/२ मध्यम आकर की गाजर, बारीक स्लाइस की हुई

४-६ चायनीज कैबेज़ की पत्तियां, १ इंच के टुकड़े में कटी

१ इंच सेलरी डंठल, आड़ा स्लाइस किया हुआ

१ हरा प्याज, स्लाइस किया हुआ

१ मध्यम आकार का लाल कैप्सिकम, बीज निकाला हुआ और १ इंच के टुकड़े में कटा

८-१० काबुली चनें, दो दाल किए हुए

१२-१६ पालक की पत्तियां, बारीक कटी हुई

४-६ कप वेजिटेबल स्टॉक (पृष्ठ १२०)

२-३ लहसुन की कलियां, कूटी हुई

१/४ छोटा चम्मच एमएसजी (वैकल्पिक)

३-४ काली मिर्च, कूटी हुई

स्वादानुसार नमक

१/२ कप अंकुरित बीन्स

१/२ छोटा चम्मच नींबू का रस (वैकल्पिक)

क्लियर वेजिटेबल सूप

१. किसी वोक या पैन में वेजिटेबल स्टॉक गर्म करें और कूटी हुई लहसुन की कलियां डालकर उबालें। मशरूम, गाजर, चायनीज कैबेज, सेलरी, हरा प्याज, लाल कैप्सिकम, मटर और पालक डालकर उबलने के बाद भी दो-तीन मिनट तक पकाएं।

२. एमएसजी, कूटी हुई काली मिर्च, नमक और अंकुरित बीन्स मिलाएं।

३. नींबू का रस मिलाएं और गर्मागर्म परोसें।

शाकाहारी | तैयारी १५ मिनट | बनाने में १० मिनट | परोसें ४ व्यक्तियों को

सामग्री

- $^{3}/_{४}$ कप छोटे प्रॉन, छीले और नस निकाले हुए
- $^{1}/_{५}$ कप हरी धनिया की चटनी (पृष्ठ ३२)
- १ छोटे आकार का कच्चा आम, छीला और पतला कटा हुआ
- २ मध्यम आकार के टमाटर
- १ छोटा चम्मच राई पेस्ट
- स्वादानुसार नमक
- ४-५ बड़े चम्मच शक्कर
- ७-८ काली मिर्च, कूटी हुई
- १ छोटा चम्मच नींबू का रस
- ४-५ आईसबर्ग लेट्टस की पत्तियां, बर्फीले पानी में ठंडी की हुई

कोरियँडर प्रॉन एंड मैंगो सलाद

१. टमाटर आधा करें। बीज निकालें और पतला-पतला काट लें।

२. प्रॉन को हरी धनिया की चटनी में पंद्रह मिनट मैरिनेट कर लें।

३. तवा गर्म करें और प्रॉन पका लें।

४. आम, टमाटर, राई पेस्ट, नमक, शक्कर, कूटी हुई काली मिर्च, नींबू का रस और एक चम्मच पानी मिलाएं।

५. पके प्रॉन डालें और उलट-पुलट लें।

६. लेट्टस की ठंडी की हुई पत्तियों पर सजाकर परोसें।

मॉंसाहारी | तैयारी १० मिनट | बनाने में १० मिनट | परोसें ४ व्यक्तियों को

कोरियँडर प्रॉन

एंड मैंगो सलाद

सामग्री

३० पालक की पत्तियां, बारीक कटी हुई

३ मध्यम आकार के आलू, उबले और मसले हुए

१ मध्यम आकार का प्याज, बारीक कटा हुआ

४ कप वेजिटेबल स्टॉक (पृष्ठ १२०)

स्वादानुसार नमक

१/२ छोटा चम्मच काली मिर्च पाउडर

१/२ कप स्किम्ड् दूध

काल्डो वर्द-
स्पिनच एंड पोटेटो सूप

१. गहरा नॉन स्टिक पैन गर्म करें। प्याज डालें और एक-दो मिनट पकाएं। यह खयाल रखें कि प्याज का रंग न बदले।

२. वेजिटेबल स्टॉक डालकर उबाल लें।

३. मसले आलू डालें और अच्छी तरह मिला लें। पालक डालें और पत्तियों के नर्म होने तक पकाएं। स्वादानुसार नमक डालें और काली मिर्च डालें।

४. चलाते हुए दूध डालें और उबाल लाएं। एक-दो मिनट पकाकर उतार लें।

५. गर्मागर्म परोसें।

शाकाहारी | तैयारी १५ मिनट | बनाने में १५ मिनट | परोसें ४ व्यक्तियों को

गारलिक् फ्लेवर्ड रसम

सामग्री

१५-२० लहसुन की कलियां

२ बड़े चम्मच तुवर/अरहर दाल, भिगोयी हुई

१ मध्यम आकार का टमाटर, बारीक कटा हुआ

२ छोटे चम्मच इमली का गूदा

स्वादानुसार नमक

एक चुटकी हींग

$^{1}/_{4}$ छोटा चम्मच हल्दी पाउडर

रसम पाउडर के लिए

१ छोटा चम्मच जीरा

६-८ काली मिर्च

४ साबुत लाल मिर्च

१ बड़ा चम्मच धनिया दानें

१ छोटा चम्मच चना दाल

तड़के के लिए

$^{1}/_{2}$ छोटा चम्मच राई दानें

२ साबुत लाल मिर्च

१ डंठल कढी पत्ते

१. नॉन स्टिक पैन गर्म करें। लहसुन की कलियां एक मिनट तक भूनें। इन्हें निकालकर अलग रख लें।

२. गहरे पैन में तीन कप पानी उबालें। फिर दाल और टमाटर डाल दें और ढककर दाल नर्म होने तक पकाएं। इन्हें मथकर पानी के साथ ही रख लें।

३. रसम पाउडर बनाएं। नॉन स्टिक पैन में जीरा, काली मिर्च, लाल मिर्च, धनिया और चना दाल हल्का भूरा होने तक भूनें। इन्हें ठंडा कर बारीक पाउडर बना लें।

४. इमली के गूदे को तीन कप पानी में नमक, हींग, हल्दी पाउडर और रसम पाउडर डालकर पांच मिनट तक या इमली की कच्ची खुश्बू समाप्त होने तक उबालें।

५. मथी हुई दाल रसम में डालकर उबालें। आंच धीमी कर पांच मिनट तक पकने दें। छानकर फिर से उबालें।

६. तड़के के लिए राई, लाल मिर्च और कढी पत्ते नॉन स्टिक पैन में भूनें और छने हुए रसम में डाल दें। जल्दी से बर्त्तन ढक दें ताकि तड़के की खुश्बू रसम में आ जाए। भूनी हुई लहसुन की कलियों से सजाकर गर्मागर्म परोसें।

शेफ की राय : *मिलाने से पहले, बेहतर और तेज सुगंध के लिए लहसुन को हल्का कूट सकते हैं। अपने स्वादानुसार लहसुन की मात्रा तय करें।*

शाकाहारी | तैयारी १० मिनट | बनाने में ३० मिनट | परोसें ४ व्यक्तियों को

सामग्री

- १ छोटा काला पॉम्फ्रेट, छीला और कांटा निकाला हुआ
- १ छोटा स्क्विड
- १६ छोटे प्रॉन, छीले और नस निकाले हुए
- ५ कप फिश स्टॉक
- १ लेमन ग्रास, टेढ़ा स्लाइस किया हुआ
- १ इंच सेलरी डंठल, कटा हुआ
- १ इंच अदरक, कद्दूकस किया हुआ
- ४ मध्यम आकार के बटन मशरूम, पतले स्लाइस किए हुए
- स्वादानुसार नमक
- १/४ छोटा चम्मच काली मिर्च पाउडर
- २ लाल मिर्च, बारीक स्लाइस किए हुए
- २ हरे प्याज की पत्तियां, स्लाइस की हुई
- १/२ छोटा चम्मच नींबू का रस

सीफूड सूप

१. एक इंच के क्यूब में पॉम्फ्रेट काट लें और अलग रख लें। स्क्विड साफ करें, धोएं और छल्लेदार काट लें।

२. तीन-चार कप नमकीन उबले पानी में प्रॉन, पॉम्फ्रेंट और स्क्विड एक मिनट के लिए डालकर निकाल लें। छानकर ठंडे पानी से धो लें और अलग रख लें।

३. एक कड़ाही में फिश स्टॉक उबालें। आंच धीमी करें। लेमन ग्रास, सेलरी, अदरक, बटन मशरूम, नमक और काली मिर्च डालकर दो-तीन मिनट उबाल लें।

४. प्रॉन, पॉम्फ्रेट और स्क्विड लाल मिर्च के साथ डालें। ढककर दो मिनट पकाएं।

५. हरा प्याज और नींबू का रस डालें। स्वाद चख लें, चलाएं और कुछ मिनटों तक पकने दें।

६. सूप बाउल में डालकर गर्मागर्म परोसें।

नोट: फिश स्टॉक बनाने के लिए २०० ग्राम मछली के कांटें, सिर और त्वचा (मछली का कोई भी अनुपयोगी हिस्सा) पांच कप पानी में एक मध्यम आकार के प्याज के स्लाइस, १ मशरूम स्लाइस, ३ इंच सेलरी, १ तेजपत्ता और ४-६ काली मिर्च एक पैन में मिलाकर उबालें। झाग निकालकर पंद्रह मिनट खौलाएं। छानकर इस्तेमाल करें।

शाकाहारी

तैयारी १५ मिनट

बनाने में १० मिनट

परोसें ४ व्यक्तियों को

सामग्री

½ स्लाइस ब्राउन ब्रेड, टोस्ट किया और एक इंच के टुकड़े में कटा हुआ

२ मध्यम आकार के प्याज

१ मध्यम आकार का हरा कैप्सिकम, बीज निकाला और एक इंच के टुकड़ों में कटा हुआ

२ मध्यम आकार के टमाटर, बीज निकाले और एक इंच के टुकड़ों में कटे हुए

१ छोटे आकार का आइसबर्ग लेट्टस, छोटे टुकड़ों में कटा हुआ

२ बड़े चम्मच ब्राउन ब्रेड का चूरा, टोस्ट किया हुआ

ड्रेसिंग के लिए

२ बड़े चम्मच सिरका

स्वादानुसार नमक

७-८ काली मिर्च, कूटी हुई

६ छोटे पिकल्ड घरकिन, कटे हुए

१ छोटा चम्मच सूखी रोजमैरी

¼ छोटा चम्मच मिश्रित हर्ब

ब्रेड सलाद

विद् रोस्टेड अनियन्स

१. खुली आंच पर प्याज भून लें। एक वर्गइंच के टुकड़ों में काट लें।

२. स्वाद के लिए सिरका, नमक, कूटी हुई काली मिर्च, पिकल्ड घरकिन, रोजमैरी और मिश्रित हर्ब अच्छी तरह मिला लें।

३. ब्रेड के क्यूब, प्याज, कैप्सिकम, टमाटर और आइसबर्ग लेट्टस एक कटोरे में मिला लें।

४. परोसने के ठीक पहले ड्रेसिंग की सामग्रियां मिला लें। पूरे मिश्रण को अच्छी तरह हिलायें। ब्राउन् ब्रेड के टोस्ट किए चूरे से सजाएं और तुरंत परोसें।

शाकाहारी | तैयारी १० मिनट | बनाने में ५ मिनट | परोसें ४ व्यक्तियों को

सामग्री

२०० ग्राम बोनलेस चिकन, उबला और कटा हुआ

१ कप फारफले (बो-टाई पास्ता)

१ मध्यम आकार का टमाटर, १/२ इंच के क्यूब में कटा हुआ

१ मध्यम आकार का गाजर, १/२ इंच के क्यूब में कटा हुआ

१/२ मध्यम आकार का हरा कैप्सिकम, बीज निकाल कर १/२ इंच के क्यूब में कटा हुआ

१/२ मध्यम आकार का पीला कैप्सिकम, बीज निकाल कर १/२ के क्यूब में कटा हुआ (वैकल्पिक)

८-१० ऑलिव, छल्लेदार कटे हुए

ड्रेसिंग के लिए

४-५ लहसुन की कलियां, कटी हुई

२ इंच सेलरी, बारीक कटी हुई

१/२ छोटा चम्मच लाल मिर्च, कूटी हुई

२-३ बड़े चम्मच नींबू का रस

स्वादानुसार नमक

२ छोटे चम्मच, बारीक कटे पार्सले

ट्रॉपिकल चिकन

एंड फारफले सलाद

१. एक पैन में तीन कप पानी गर्म करें। पास्ता मिलाएं और पका लें। छानकर अलग रख लें, ठंडा होने के लिए।

२. ड्रेसिंग बनाने के लिए लहसुन, सेलरी, लाल मिर्च, नींबू का रस, नमक और पार्सले अच्छी तरह मिला लें।

३. एक कटोरे में पास्ता, चिकन, टमाटर, गाजर, हरा कैप्सिकम, पीला कैप्सिकम और ऑलिव मिलाएं। तैयार ड्रेसिंग इसके ऊपर डालें और अच्छी तरह मिला लें। तुरंत परोसें।

माँसाहारी | तैयारी २० मिनट | बनाने में १० मिनट | परोसें ४ व्यक्तियों को

ट्रॉपिकल चिकन एंड फारफले सलाद

वेजिटेबल
रिबन सलाद

सामग्री

१ मध्यम आकार की ज्युकिनी, छिली हुई

२ मध्यम आकार की गाजर, छीले हुए

२ मध्यम आकार के खीरे, छीले हुए

स्वादानुसार नमक

५ काले ऑलिव, स्लाइस किये हुए

ड्रेसिंग के लिए

२ बड़े चम्मच सिरका

१ बड़ा चम्मच सोया सॉस

१ छोटा चम्मच भूरा शक्कर

१/२ चम्मच लाल मिर्च फ्लेक्स

३-४ बेसिल की ताज़ी पत्तियां

१. पीलर या स्लाइसर से ज्युकिनी, गाजर और खीरे को लंबाई में रिबन की तरह पतले स्लाइस निकाल लें। हल्का नमक छिड़ककर पांच मिनट के लिए छोड़ दें।

२. सिरका, सोया सॉस, भूरा शक्कर, लाल मिर्च फ्लेक्स, बेसिल की पत्तियों को एक साथ ब्लेंड करें और नमक डालकर पेस्ट तैयार कर लें। इस पेस्ट को कटोरे में रख लें।

३. सब्जियों को दबाकर अतिरिक्त पानी निकाल दें।

४. सब्जियों को कटोरे में डालें और अच्छी तरह से ड्रेसिंग में मिला लें।

५. ऑलिव के स्लाइस से सजाकर परोसें।

शाकाहारी | तैयारी १० मिनट | बनाने में ५ मिनट | परोसें ४ व्यक्तियों को

मशरूम्स
इन बालसामिक विनेगर

सामग्री

४०० ग्राम ताजा बटन मशरूम, चार टुकड़ों में कटे

स्वादानुसार नमक

२ छोटे चम्मच लहसुन का पेस्ट

५-६ बेसिल की ताज़ी पत्तियां

५ बड़े चम्मच शक्कर

२ छोटे चम्मच बालसेमिक सिरका

७-८ काली मिर्च, कूटी हुई

१. नमक, लहसुन के पेस्ट और मोटी मोटी तोड़ी हुई बेसिल की पत्तियों में मशरूम डालकर दो घंटे तक मैरीनेट करें।

२. एक पैन में शक्कर गर्म करें। एक बड़ा चम्मच पानी मिलाएं और सुनहरा भूरा होने तक उसे चलाते रहें।

३. बालसेमिक सिरका और कूटी हुई काली मिर्च डालकर दो-तीन मिनट तक पकाएं।

४. सुनहरी शक्कर में मशरूम डालकर अच्छी तरह से मिलाएं और फ्रिज में रख दें।

५. ठंडा-ठंडा परोसें।

शाकाहारी | तैयारी २ घंटे | बनाने में १० मिनट | परोसें ४ व्यक्तियों को

वार्म पोटेटो सलाद
विद् ग्रीन बींस

सामग्री

८-१० छोटे आलू

१०-१२ फ्रेंच बींस, १ इंच के टुकड़े में कटे हुए

$^{1}/_{2}$ छोटा चम्मच पैपरिका या लाल मिर्च, कूटी हुई

ड्रेसिंग के लिए

२ बड़े चम्मच पनीर, मसला हुआ

$^{1}/_{2}$ कप स्किम्ड् दूध का दही

१ छोटा चम्मच राई का पेस्ट

स्वादानुसार नमक

७-८ काली मिर्च, कूटी हुई

२ हरे प्याज की पत्तियां, बारीक कटी हुई

१. दो कप पानी में आलू उबाल लें। उसे निकाल कर अलग रख लें । एक कप पानी में फ्रेंच बींस उबाल लें। उसे छानकर ठंडे पानी से धो लें। अलग रख लें।

२. छिलके सहित छोटे आलू और फ्रेंच बींस मिला लें और अलग रख लें।

३. ड्रेसिंग के लिए पनीर, दही, राई का पेस्ट, नमक, कूटी हुई काली मिर्च और हरे प्याज की कटी हुई पत्तियां मिला लें।

४. छोटे आलू और फ्रेंच बींस ड्रेसिंग सामग्रियों में मिला लें।

५. पैपरिका या लाल मिर्च से सजाएं और परोसें ।

शाकाहारी | तैयारी १५ मिनट | बनाने में १० मिनट | परोसें ४ व्यक्तियों को

सामग्री

२ बड़े आकार के आलू, उबले, छीले और एक इंच के क्यूब में कटे हुए

१ बड़ा शकरकंद, उबला, छीला और एक इंच क्यूब में कटा हुआ

$1\frac{1}{2}$ बड़े चम्मच नींबू का रस

स्वादानुसार नमक

१ इंच अदरक, पतले-पतले कटे हुए

१ बड़ा पका केला

२ बड़े चम्मच इमली का गूदा

२ हरी मिर्च, बारीक कटी हुई

१ छोटा चम्मच चाट मसाला

२ बड़े चम्मच धनिया की ताज़ी पत्तियां, बारीक कटी हुई

आलू कचालू चाट

१. आधा चम्मच नींबू का रस और एक चुटकी नमक, अदरक के टुकड़ों में मिलाकर ठंडा कर लें।

२. केला छीलकर एक इंच के टुकड़ों में काट लें। आधा छोटा चम्मच नींबू का रस मिलाकर अलग रख लें।

३. आलू, शकरकंद और केले के टुकड़े एक कटोरे में मिला लें। बचा हुआ नींबू का रस, इमली का गूदा, हरी मिर्च, चाट मसाला, स्वादानुसार नमक और धनिया की पत्तियां मिलाकर अच्छी तरह उलट-पुलट लें।

४. अदरक के ठंडे टुकड़ों के साथ सजाकर परोसें।

शाकाहारी | तैयारी १५ मिनट | बनाने में ५ मिनट | परोसें ४ व्यक्तियों को

आलू कचालू

चाट

सैंडविच ढोकला

सामग्री

१ कप चावल

१/४ कप धुली उड़द दाल

१/४ कप स्किम्ड् दूध का खट्टा दही

स्वादानुसार नमक

२ छोटे चम्मच अदरक पेस्ट

१ १/२ छोटे चम्मच हरी मिर्च पेस्ट

१/२ छोटा चम्मच सोडियम बायकार्बोनेट

१ बड़ा चम्मच नींबू का रस

१/२ कप धनिया की गाढ़ी चटनी (नीचे देखें)

२ बड़े चम्मच धनिया की ताजा पत्तियां, बारीक कटी हुई

१. तवा पर चावल और दाल को चार-पांच मिनट के लिए सूखा भून लें। ठंडा कर मोटे पाउडर के रूप में ग्राइंड़ कर लें।

२. चावल का पाउडर एक कटोरे में लें। दही और आधा कप गुनगुना पानी डालें। अच्छी तरह से फेंटकर नरम घोल तैयार कर लें।

३. नमक डालें और आठ-दस घंटे तक ढककर खमीर उठने के लिए छोड़ दें।

४. खमीर उठ जाने पर घोल में अदरक और हरी मिर्च का पेस्ट अच्छी तरह मिला लें।

५. ढोकला स्टीमर में जरूरत के मुताबिक पानी उबालें।

६. आधा घोल अलग बर्त्तन में रख लें। एक छोटे कटोरे में चौथाई छोटा चम्मच सोडियम बॉयकार्बोनेट और आधा चम्मच नींबू का रस मिलाएं। आधे घोल में इसे मिलाकर अच्छी तरह फेंट लें। स्टीमर में रखने के पहले बाकी आधा बचे घोल में भी यही प्रक्रिया दोहराएं।

७. सोडियम बाय कार्बोनेट मिला घोल एक थाली में डालें और स्टीमर में रख दें। आठ से दस मिनट करें।

८. चाकू से घोंपकर देखें कि ढोकला तैयार हुआ है या नहीं, अगर चाकू साफ निकल आए तो तैयार हो गया है।

९. स्टीमर से निकाल कर ढोकला के गर्म रहने के समय ही हरी चटनी उसके ऊपर फैला दें।

१०. बाकी घोल चटनी के ऊपर डालें और फिर से दस मिनट स्टीम करें।

११. स्टीमर से उतारें, हल्का ठंडा करें और धनिया की पत्तियों से सजाएं।

१२. पसंद के मुताबिक काटें और गर्मागर्म परोसें।

नोट : *धनिया की हरी चटनी के लिए एक कप धनिया की ताजा पत्तियां, १/२ कप पुदीना की ताज़ी पत्तियां, २-३ हरी मिर्च, स्वाद के मुताबिक काला नमक, १/४ छोटा चम्मच शक्कर और १ बड़ा चम्मच नींबू का रस डालकर नरम पेस्ट तैयार करें। जरूरत हो तो पानी मिलाएं।*

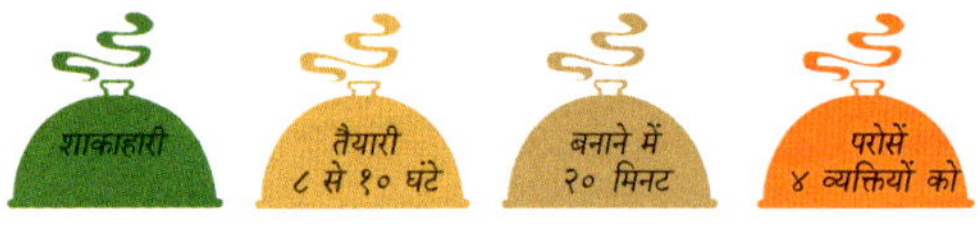

सामग्री

१/२ कप चावल का आटा, छाना हुआ

८ बड़े चम्मच स्किम्ड दूध का दही, मथा हुआ

स्वादानुसार नमक

१ छोटा चम्मच हरी मिर्च पेस्ट

१/२ छोटा चम्मच अदरक पेस्ट

१/२ छोटा चम्मच सोडियम बायकार्बोनेट

२ केले के पत्ते, ५ वर्गइंच के गोल या चौकोर टुकड़ों में कटे हुए

भरावन के लिए

१/२ कप अंकुरित मूंग

स्वादानुसार नमक

३-४ काली मिर्च, कूटी हुई

१/४ छोटा चम्मच लाल मिर्च फ्लेक्स

राइस
पंकी

१. कटोरे में चावल का आटा डालें। दही और नमक डालकर अच्छी तरह मिला लें। हरी मिर्च और अदरक का पेस्ट डालकर मिला लें। पर्याप्त पानी डालकर गाढ़ा घोल बना लें। सोडा बायकार्बोनेट डाल लें। ढक कर खमीर निकलने के लिए दो घंटे छोड़ दें।

२. भरावन की सामग्रियां मिला लें।

३. नॉन स्टिक तवा गर्म करें।

४. केले के पत्तों पर गाढ़ा घोल डालें। बीच में भरावन की सामग्रियां रखें और पत्ते को आधा मोड़ दें। तवे पर रखकर दो तीन मिनट के लिए पकाएं। उलटकर दूसरी तरफ से भी पकाएं।

५. केले के पत्तों में पंकी परोसें।

शाकाहारी | तैयारी २ घंटे | बनाने में १५ मिनट | परोसें ४ व्यक्तियों को

सामग्री

४ (२०० ग्राम के) बोनलेस चिकन ब्रेस्ट, एक इंच के टुकड़ों में कटे हुए

५-६ साबुत लाल मिर्च, बीज निकाली हुई

२ मध्यम आकार के प्याज

८-१० लहसुन की कलियां

२-३ ताजा पार्सले

७-८ बेसिल की ताज़ी पत्तियां

१/२ बड़ा चम्मच नींबू का रस

१ बड़ा चम्मच वुस्टर सॉस

५-६ काली मिर्च

१/२ छोटा चम्मच करी पाउडर

स्वादानुसार नमक

१ मध्यम आकार का हरा कैप्सिकम, बीज निकाला हुआ और १ इंच के टुकड़ों में कटा हुआ

२ स्लाइस डब्बाबंद अनन्नास, १ इंच के टुकड़ों में कटे हुए

१ मध्यम आकार का टमाटर, बीज निकाला और १ इंच के टुकड़ों में कटा हुआ

कैरिबियन चिकन *कबाब्स्*

१. एक प्याज काट लें। दूसरे प्याज को एक इंच के चौकोर टुकड़ों में काटें।

२. लाल मिर्च, कटे प्याज, लहसुन, पार्सले, बेसिल, नींबू का रस, वुस्टर सॉस, काली मिर्च, करी पाउडर और नमक मिलाकर पेस्ट तैयार कर लें। एक बर्तन में पेस्ट लेकर अच्छी तरह चिकन मिला लें।

३. कैप्सिकम, अनन्नास, टमाटर और प्याज मिलाएं और रेफ्रीजरेटर में दो घंटों के लिए मैरीनेट करें।

४. सींख में एक-एक कर चिकन, कैप्सिकम, अनन्नास, टमाटर और प्याज के टुकड़े लगाएं। मैरीनेट मसाला बास्टिंग के लिए रख लें।

५. नॉन स्टिक तवा गर्म करें। सींख को तवे पर रखें और मैरीनेट मसाले को उपर लगाकर दस-बारह मिनट तक उलट-पुलट कर पकाएं।

६. गर्मागर्म परोसें।

स्टफ्ड़ मेथी
चीला

सामग्री
चीला के लिए

२ कप बेसन

$^{१}/_{४}$ छोटा चम्मच सोडा बायकार्बोनेट

स्वादानुसार नमक

१ छोटा चम्मच लाल मिर्च पाउडर

१ छोटा चम्मच अजवाइन

एक चुटकी हींग

२ बड़े चम्मच धनिया की ताज़ी पत्तियां, कटी हुई

भरावन के लिए

२ मध्यम आकार के प्याज, कटे हुए

१ कप ताज़ी मेथी, बारीक कटी हुई

८-१० ताज़े बटन मशरूम, स्लाइस किए हुए

२$^{१}/_{२}$ कप स्किम्ड् दूध का पनीर, कद्दूकस किया हुआ

स्वादानुसार नमक

$^{१}/_{४}$ छोटा चम्मच काली मिर्च पाउडर

१. भरावन के लिए नॉन स्टिक कड़ाही में दो मिनट तक प्याज भूनें । मेथी डालकर और एक मिनट भूनें । मशरूम मिलाएं और पानी सूखने तक भूनते रहें । पनीर, नमक और काली मिर्च पाउडर मिला लें । अच्छी तरह मिलाकर ठंडा होने के लिए छोड़ दें ।

२. एक कटोरे में बेसन, सोडा बायकार्बोनेट, नमक, लाल मिर्च पाउडर, अजवाइन, हींग, धनिया की पत्तियां पर्याप्त मात्रा में पानी में मिलाकर घोल तैयार कर लें । खयाल रखें के घोल में बेसन के ढेले न हों ।

३. नॉन स्टिक पैन गर्म करें, एक कलछुल घोल पैन में डालें और अच्छी तरह फैला लें । चीला दोनों तरफ से पका लें ।

४. भरावन की सामग्री को बीच में रखें और दोनों तरफ से चीला को मोड़ दें । इसे तुरंत परोसें ।

शाकाहारी | तैयारी १० मिनट | बनाने में १५ मिनट | परोसें ४ व्यक्तियों को

कॉर्न भेल

स्टफड् मेथी चीला

सामग्री

१ कप ताज़ा मकई के दाने

१ बड़ा प्याज, बारीक कटा हुआ

१ बड़ा टमाटर, बारीक कटा हुआ

२ मध्यम आकार के आलू, उबले और १/२ इंच के क्यूब में कटे हुए

२ छोटे चम्मच चाट मसाला

३-४ हरी मिर्च, बारीक कटी हुई

२ बड़े चम्मच धनिया की हरी चटनी (पृष्ठ ३२)

२ बड़े चम्मच डेट एंड टैमरिंड चटनी (पृष्ठ ११२)

४ बड़े चम्मच धनिया की ताज़ी पत्तियां, बारीक कटी हुई

१ १/२ छोटे चम्मच नींबू का रस

स्वादानुसार नमक

१ कप कार्न फ्लेक्स, कूटे हुए

कॉर्न

भेल

१. तीन कप पानी उबाल लें। मकई के दाने उबालकर तीन-चार मिनट और उबालें। अतिरिक्त पानी छान कर निकाल दें। भेल मकई के गर्म या ठंडे दानों से बन सकती हैं।

२. मकई के दाने, प्याज, टमाटर, आलू, चाट मसाला, हरी मिर्च, हरी चटनी, इमली की मीठी चटनी और धनिया पत्ते एक साथ मिलाएं। नींबू का रस और नमक डालकर अच्छी तरह मिला लें।

३. अलग-अलग प्लेट में डाल लें। ऊपर से कार्न फ्लेक्स छिड़कें और जल्दी से परोसें।

शाकाहारी | तैयारी १० मिनट | बनाने में ५ मिनट | परोसें ४ व्यक्तियों को

सामग्री

कबाब के लिए

५०० ग्राम मटन का कीमा

३/४ कप स्किम्ड् दूध का दही

१ बड़ा चम्मच लहसुन पेस्ट

१/२ बड़ा चम्मच अदरक पेस्ट

१ छोटा चम्मच लाल मिर्च पाउडर

१/२ छोटा चम्मच गरम मसाला पाउडर

स्वादानुसार नमक

८ छोटा चम्मच धनिया की हरी चटनी (पृष्ठ ३२)

४ छोटा चम्मच चिली सॉस

४ छोटा चम्मच टोमैटो सॉस

२ मध्यम आकार के प्याज, छल्लेदार कटे हुए

२ बड़े चम्मच नींबू का रस

२ छोटे चम्मच चाट मसाला

रोटी के लिए

१ १/२ कप आटा

३ बड़े चम्मच स्किम्ड् दूध का दही

स्वादानुसार नमक

काठी कबाब रोल्स्

१. दही, अदरक पेस्ट, लहसुन पेस्ट, लाल मिर्च पाउडर, गरम मसाला पाउडर और नमक मिलाएं।

२. इस मैरीनेड में कीमे को तीस से चालीस मिनट मैरीनेट करें।

३. नॉन स्टिक पैन गर्म करें। मैरीनेटेड कीमे को धीमी आंच पर सूखने तक पकाएं। आठ बराबर हिस्सों में बांट लें।

४. एक अलग बर्त्तन में आटा, दही और नमक मिलाएं। पानी डालकर नरम गूंध लें। गूंधे आटे को आठ से दस मिनट छोड़ दें।

५. गूंधे आटे को आठ बराबर हिस्सों में बांट लें। सात इंच व्यास की रोटियां बेल लें।

६. इन रोटियों को नॉन स्टिक तवे पर दोनों तरफ से सेंकें।

७. प्रत्येक रोटी पर एक चम्मच हरी चटनी फैला दें। चिली और टोमैटो सॉस छिड़क दें। एक हिस्सा कीमा डालें। प्याज के छल्लों के ऊपर नींबू का रस और चाट मसाला छिड़कें। रोटी लपेटें और तुरंत परोसें।

माँसाहारी | तैयारी ४० मिनट | बनाने में ३० मिनट | परोसें ४ व्यक्तियों को

दही
इडली

सामग्री

१ कप उकड़ा चावल

$^{१}/_{२}$ कप धुली उड़द दाल

स्वादानुसार नमक

२ कप स्किम्ड् दूध का दही, मथा हुआ

६ बड़े चम्मच शहद

२ बड़े चम्मच धनिया की हरी चटनी (पृष्ठ ३२)

२ बड़े चम्मच डेट एंड टॅमरिंड चटनी (पृष्ठ ११२)

$^{१}/_{४}$ छोटा चम्मच लाल मिर्च पाउडर

$^{१}/_{२}$ छोटा चम्मच जीरा पाउडर

२ बड़े चम्मच धनिया की ताज़ी पत्तियां, कटी हुई

१. चावल धोकर तीन कप पानी में दो-तीन घंटों के लिए भिगोएं।

२. दाल धोकर दो कप पानी में दो-तीन घंटे के लिए भिगोएं।

३. पानी निकालकर चावल को दरदरा पीस लें। पानी मिलाकर चावल का गाढ़ा घोल तैयार कर लें। दाल भी पीस लें और उसका भी चिकना गाढ़ा घोल तैयार कर लें।

४. दोनों घोल मिला लें। नमक छिड़के और हाथ से अच्छी तरह फेंटें। अब यह घोल एक बड़े बर्त्तन में डाल लें और अच्छी तरह बंदकर रात भर के लिए गर्म स्थान पर रात भर के लिए छोड़ दें ताकि खमीर उठे।

५. एक स्टीमर में पर्याप्त पानी गर्म करें।

६. इडली स्टैंड में मलमल का कपड़ा बिछाकर गड्ढ़ों में घोल भरें। इटली स्टैंड को स्टीमर में डाल दें। आठ से दस मिनट तक स्टीम करें।

७. इस बीच दही और शहद अच्छी तरह मिला लें।

८. इडली कटोरों में निकाल लें, मीठा दही, हरी चटनी और इमली चटनी इडली के ऊपर डालें। लाल मिर्च पाउडर और जीरा पाउडर छिड़कें।

९. धनिया की पत्तियों से सजाकर परोसें।

शाकाहारी | तैयारी १२ घंटे | बनाने में १५ मिनट | परोसें ४ व्यक्तियों को

सामग्री

३०० ग्राम स्किम्ड् मिल्क पनीर, $^{1}/_{2}$ इंच के क्यूब में कटे हुए

१ कप आटा

स्वादानुसार नमक

३ मध्यम आकार के प्याज, कटे हुए

३ मध्यम आकार के टमाटर, कटे हुए

१ बड़ा चम्मच अदरक पेस्ट

१ बड़ा चम्मच लहसुन पेस्ट

१ छोटा चम्मच कश्मीरी लाल मिर्च पाउडर

$^{1}/_{2}$ छोटा चम्मच हल्दी पाउडर

२ छोटा चम्मच धनिया पाउडर (वैकल्पिक)

२ बड़े चम्मच नींबू का रस

परोसने के लिए

८ छोटे चम्मच हरी धनिया चटनी (पृष्ठ ३२)

२ मध्यम आकार के प्याज, स्लाइस किए हुए

पनीर

फ्रैंकी

१. आटा और नमक मिला लें और पर्याप्त पानी मिलाकर गूंध लें। इसे ढक कर पंद्रह मिनट के लिए छोड़ दें।

२. नॉन स्टिक पैन गर्म करें। उसमें प्याज, टमाटर, अदरक पेस्ट, लहसुन पेस्ट, नमक, कश्मीरी लाल मिर्च पाउडर, हल्दी और धनिया पाउडर मिलाएं। सब कुछ मिलने तक पकाएं और गीलापन खत्म होने दें। नींबू का रस मिलाएं और आंच से पैन उतार दें।

३. पनीर के टुकड़े डालकर हल्के से मिलाएं। आठ बराबर हिस्सों में बांट लें और अलग रख लें।

४. गूंधे आटे को आठ बराबर हिस्सों में बांट लें और उसकी रोटी बना लें।

५. तवा गर्म करें और रोटी अच्छी तरह पका लें।

६. हर रोटी पर एक छोटा चम्मच हरी चटनी फैलाएं। पनीर का मिश्रण एक किनारे पर डालें। हरे प्याज की कतरनें डालकर उसे लपेट दें।

७. अल्यूमिनियम फॉयल में लपेट कर परोसें।

शाकाहारी | तैयारी १५ मिनट | बनाने में १५ मिनट | परोसें ४ व्यक्तियों को

पनीर फ्रैंकी

वेजिटेबल सींख कबाब्स्

सामग्री

१ मध्यम आकार का आलू, उबला और मसला हुआ

१ मध्यम आकार की गाजर, कद्दूकस की हुई

१/२ कप हरे मटर, मसले हुए

५-६ फ्रेंच बीन्स, बारीक कटी हुई

१ छोटा चम्मच अदरक पेस्ट

१ छोटा चम्मच अमचूर

२ छोटा चम्मच चाट मसाला

३-४ हरी मिर्च, कटी हुई

१ १/२ बड़े चम्मच छुंदा

३ बड़े चम्मच भुना हुआ चना दाल पाउडर

१५० ग्राम पनीर, कद्दूकस किया हुआ

स्वादानुसार नमक

वेजिटेबल सींख कबाब्स्

१. नॉन स्टिक कड़ाही गर्म करें। अदरक का पेस्ट डालकर आधे मिनट तक पकाएं। मसले आलू, गाजर, हरे मटर और फ्रेंच बीन्स मिलाएं और कुछ मिनटों तक चलाते रहें।

२. अमचूर, चाट मसाला, हरी मिर्च, छुंदा और भुना हुआ चना दाल पाउडर डालकर दो-तीन मिनट तक पकाएं।

३. पनीर डालें और अच्छी तरह मिला लें। नमक डालें और फिर से मिला लें।

४. आठ हिस्सों में बांट लें। एक-एक हिस्सा लेकर सींख में बेलनाकार में चिपका दें।

५. नॉन स्टिक तवा गर्म करें और उस पर सींख रखें। धीमी आंच पर सींख घुमाते हुए पकाएं। सुनहरा भूरा होने तक उसे पकाते रहें।

६. अपनी पसंद की चटनी के साथ गर्मागर्म परोसें।

शेफ की सलाह : *छुंदा कच्चे आम का खट्टा-मीठा आचार होता है। यह गुजरात में बहुत लोकप्रिय हैं।*

शाकाहारी

तैयारी १० मिनट

बनाने में २० मिनट

परोसें ४ व्यक्तियों को

वेजिटेबल
टाकोस्

सामग्री

टाकोस् के लिए

१/४ कप मकई का आटा

४ छोटे चम्मच मैदा

छोटी चुटकी भर हल्दी पाउडर

स्वादानुसार नमक

भरने के लिए

२ मध्यम आकार के आलू, छीले और चार टुकड़े किए हुए

१/२ कप हरे मटर, छीले हुए

५-६ फ्रेंच बींस, रेशे निकाले हुए

१ मध्यम आकार की गाजर, चार टुकड़ों में कटी हुई

१/४ छोटा चम्मच, हल्दी पाउडर

स्वादानुसार नमक

१ बड़ा प्याज, बारीक कटा हुआ

३-४ लहसुन की कलियां, बारीक कटी हुई

१ छोटा चम्मच लाल मिर्च पेस्ट

२ बड़े चम्मच टमाटर केचप

१/२ कप अंकुरित बीन्स

१ लेट्टस, टुकड़ा किया हुआ

१. टाकोस् की सारी सामग्रियां मिला लें। पर्याप्त पानी मिलाकर नर्म गूंध लें। गीले कपड़े से पन्द्रह मिनट तक ढंक दें।

२. सोलह बराबर हिस्सों में बेलकर पतली पूरियां तैयार कर लें। कांटे से इन पूरियों में छेद कर लें।

३. नॉन स्टिक तवा गर्म करें। पूरी को दोनों तरफ से सूखा भूनें। इसके गर्म रहते ही आधे चांद के आकार में रोलिंग पिन से मोड़ लें। ठंडा होने के लिए अलग रख दें।

४. आलू, मटर, फ्रेंच बींस और गाजर पर्याप्त पानी में हल्दी एवं नमक डालकर उबालें। पकने के बाद पानी निकाल कर मसल लें और ठंडा होने के लिए रख दें।

५. नॉन स्टिक पैन गर्म करें। दो मिनट के लिए प्याज भूनें। लहसुन मिलाएं और एक मिनट और भूनें।

७. मसली हुई सब्जियां मिला लें और पांच-आठ मिनट तक पकाएं। चूल्हे से उतार कर थोड़ी देर ठंडा होने दें।

८. परोसने के लिए टाकोस में भरावन सामग्री डालें। उसे अंकुरित बीन्स और लेट्टस की पत्तियों से सजाएं और तुरंत परोसें।

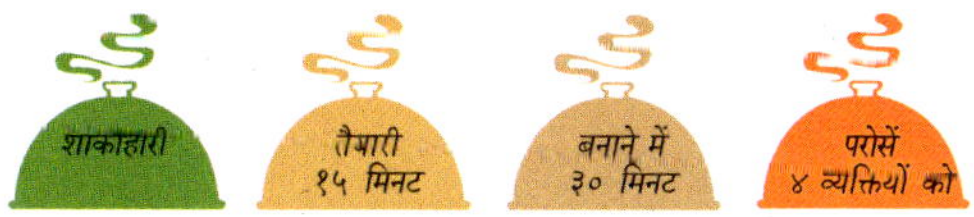

मसाला पापड़

सामग्री

४ उड़द दाल के पापड

१ मध्यम आकार का प्याज, बारीक कटा हुआ

१ मध्यम आकार का टमाटर, बारीक कटा हुआ

१ छोटा हरा कैप्सिकम, बीज निकाला और बारीक कटा हुआ

४ बड़े चम्मच धनिया की ताज़ी पत्तियां, बारीक कटी हुई

१/२ छोटा चम्मच लाल मिर्च पाउडर

स्वादानुसार नमक

१ छोटा चम्मच चाट मसाला

१ छोटा चम्मच नींबू का रस

१. धीमी आंच पर या अवन में पापड़ सेंक लें।

२. प्याज, टमाटर, कैप्सिकम, आधी धनिया की पत्तियां, लाल मिर्च पाउडर और स्वादानुसार नमक मिला लें।

३. पापड़ को सर्विंग प्लेट पर रखें। प्याज और टमाटर का मिश्रण उसके ऊपर फैला दें।

४. चाट मसाला छिड़कें। नींबू का रस और बची हुई धनिया की पत्तियां डाले और तुरंत परोसें।

शाकाहारी | तैयारी १० मिनट | बनाने में ५ मिनट | परोसें ४ व्यक्तियों को

हॉट चिली कॉर्न

सामग्री

२ कप मकई के ताज़ा दाने, उबले हुए

१ छोटा चम्मच लाल मिर्च फ्लेक्स

१ हरी मिर्च, कटी हुई

१ बड़ा चम्मच नींबू का रस

१ छोटा हरा कैप्सिकम, बीज निकाला और कटा हुआ

१ छोटा लाल कैप्सिकम, बीज निकाला और कटा हुआ

स्वादानुसार नमक

३-४ काली मिर्च, कूटी हुई

२ बड़े चम्मच धनिया की ताज़ी पत्तियां, बारीक कटी हुई

१. नॉन स्टिक पैन गर्म करें। उबले हुए मकई के दाने, लाल मिर्च फ्लेक्स और हरी मिर्च मिलाकर एक मिनट के लिए पकाएं।

२. नींबू का रस, हरा कैप्सिकम, लाल कैप्सिकम और नमक मिलाएं। पैन को ढक कर सब्जियों को दो मिनट तक पकाये। अच्छी तरह मिला लें।

३. कूटी हुई काली मिर्च डालें और धनिया की पत्तियों से सजाकर परोसें।

शाकाहारी | तैयारी १० मिनट | बनाने में ५ मिनट | परोसें ४ व्यक्तियों को

सामग्री

२०० ग्राम प्रॉन, छीले और नस निकाले हुए

१ छोटा चम्मच लहसुन का पेस्ट

१/२ मध्यम आकार की गाजर

स्वादानुसार नमक

७-८ काली मिर्च, कूटी हुई

१ छोटा चम्मच, नींबू का रस

२ छोटे चम्मच राई पेस्ट

१ बड़ा चम्मच टोमाटो केचप

१०-१५ लहसुन की कलियां, कटी हुई

६-८ छोटे प्याज, छीले हुए

८ छोटी ब्रोक्कोली फूल

३-४ बेसिल की ताज़ी पत्तियां

रोस्टेड गार्लिक प्रॉन्स

१. गाजर छीलें, साफ करें और आधे इंच के टुकड़ों में काट लें। पर्याप्त पानी में डालकर पका लें। छानकर अलग रख लें।

२. लहसुन पेस्ट, नमक, कूटी हुई काली मिर्च, नींबू का रस, राई पेस्ट, टोमैटो केचप और लहसुन अच्छी तरह मिला लें। छोटे प्याज, गाजर और ब्रोक्कोली के साथ इस मिश्रण में आधे घंटे के लिए प्रॉन मैरीनेट करें।

३. नॉन स्टिक पैन गर्म करें। मैरीनेट किए प्रॉन और सब्जियां डालकर तीन-चार मिनट गर्म करें। बारी-बारी से कौंबी-माइक्रोवेव अवन में तीन-चार मिनट पकाएं।

४. बेसिल की पत्तियों से सजा कर गर्मागर्म परोसें।

शाकाहारी | तैयारी १० मिनट | बनाने में ५ मिनट | परोसें ४ व्यक्तियों को

सोया
बर्गर

सामग्री

१ कप सोया दाने

२ १/२ कप स्किम्ड दूध

४-५ मध्यम आकार के आलू, उबले और मसले हुए

१ मध्यम आकार का प्याज, बारीक कटा हुआ

२ हरी मिर्च, बारीक कटी हुई

२ बड़े चम्मच धनिया की ताज़ी पत्तियां, कटी हुई

१/४ छोटा चम्मच लौंग पाउडर

१/४ दालचीनी पाउडर

१ १/२ चम्मच, नींबू का रस

स्वादानुसार नमक

३/४ ब्राउन ब्रेड का चूरा

परोसने के लिए

४ बर्गर बन

४ बड़े चम्मच राई पेस्ट

४ बड़े चम्मच टमाटर केचप

१०-१२ लेट्टस की पत्तियां

१ मध्यम आकार का प्याज, छल्लेदार कटा हुआ

सोया
बर्गर

१. सोया के दाने दो कप दूध में पंद्रह मिनट के लिए भिगोएं। छानने के बाद अतिरिक्त दूध दबाकर निकाल लें। सोया के दानों को पीस लें।

२. बड़े कटोरे में सोया, मसले आलू, प्याज, हरी मिर्च, धनिया की पत्तियां, जीरा पाउडर, लाल मिर्च पाउडर, लौंग पाउडर, दालचीनी पाउडर, नींबू का रस और नमक मिलाएं।

३. चार बराबर हिस्सों में मिश्रण अलग कर लें। तीन इंच वर्ग में आधा इंच मोटी पैटी बना लें।

४. हर पैटी पर ब्रेड का चूरा लपेट दें।

५. नॉन स्टिक पैन में पैटी को दोनों तरफ से खस्ता होने तक पकाएं।

६. बर्गर बन को आड़ा आधा-आधा कर लें। निचले टुकड़े में राई का पेस्ट और ऊपर वाले हिस्से में टमाटर का केचप लगाएं। लेट्टस की दो या तीन पत्तियां निचले हिस्से में रखें। उसके ऊपर पैटी रखें और उसे छल्लेदार प्याज से सजा लें। फिर ऊपरी हिस्सा रखकर गर्मागर्म बर्गर परोसें।

शाकाहारी | तैयारी २० मिनट | बनाने में १५ मिनट | परोसें ४ व्यक्तियों को

सामग्री

६ मध्यम आकार के आलू

१ मध्यम आकार का प्याज, बारीक कटा हुआ

स्वादानुसार नमक

७-८ काली मिर्च, पिसी हुई

चुटकी भर जायफल पाउडर

२ बड़े चम्मच ताज़ा पार्सले, कटे हुए

हैश ब्राउन् पोटेटोस्

१. पर्याप्त पानी लेकर आलू उबालें। आलू थोड़े कच्चे ही रखें।

२. आलू छीलकर कद्दूकस कर लें।

३. नॉन स्टिक पैन गर्म करें। प्याज डालकर गुलाबी होने तक भूनें। आंच से उतार लें।

४. अवन को २००° सेंटीग्रेड/४००° फारेनहाइट/ गैस मार्क ६ पर पहले से गर्म कर लें।

५. कसे हुए आलू और भूने प्याज के साथ नमक, आधा हिस्सा पिसी काली मिर्च और जायफल पाउडर मिला लें।

६. अच्छी तरह मिलाकर बेकिंग ट्रे में उंगलियों से अच्छी तरह फैला लें।

७. बाकी पिसी काली मिर्च आलू पर छिड़क दें।

८. पहले से गर्म किए अवन में पंद्रह मिनट तक पकाएं या आलू हल्का भूरा होने तक बेक कर लें।

९. इसे परतदार काट लें और पार्सले से सजाकर गर्मागर्म परोसें।

शाकाहारी | तैयारी १० मिनट | बनाने में २० मिनट | परोसें ४ व्यक्तियों को

सामग्री

३०० ग्राम बोनलेस चिकन ब्रेस्ट, आधे इंच के टुकड़ों में कटे हुए

१ इंच अदरक, बारीक स्लाइस किया हुआ

३ लहसुन की कलियां, कटी हुई

२-३ ताज़ी लाल मिर्च, बारीक लंबी कटी हुई

१ बड़ा चम्मच सोया सॉस

१ छोटा चम्मच शक्कर

स्वादानुसार नमक

१५-१६ काली मिर्च, कूटी हुई

२ मध्यम आकार का हरा कैप्सिकम, बीज निकाला और कटा हुआ

३ हरा प्याज, कटी हुई

चिकन एंड
पेप्पर रैप्स

१. अदरक, लहसुन, लाल मिर्च, सोया सॉस, शक्कर, नमक, कूटी हुई काली मिर्च, हरा कैप्सिकम और हरे प्याज के साथ चिकन मैरीनेट करें। इसे एक घंटे के लिए रेफ्रीजरेटर में छोड़ दें।

२. अल्यूमिनियम फॉयल के चार वर्गाकार टुकड़े करें। हर टुकड़ा दस से बारह इंच का हो।

३. चिकन के मिश्रण को चार बराबर हिस्सों में बांट लें।

४. हर अल्यूमिनियम फॉयल के बीच में चिकन का मिश्रण डालें। फॉयल के बाहरी किनारों को अच्छी तरह मोड़ें ताकि भाप बाहर न जाए।

५. इसे गर्म तवा पर मध्यम आंच देकर छह से सात मिनट पकाएं। चिकन पकने पर अल्यूमिनियम फॉयल फूल जाएगा।

६. फॉयल में ही तुरंत परोसें।

माँसाहारी | तैयारी १ घंटा | बनाने में १५ मिनट | परोसें ४ व्यक्तियों को

सामग्री

४ बोनलेस चिकन ब्रेस्ट

२ छोटे चम्मच अदरक पेस्ट

२ छोटे चम्मच लहसुन पेस्ट

१/२ छोटा चम्मच काली मिर्च पाउडर

१ छोटा चम्मच सोया सॉस

स्वादानुसार नमक

२ बड़े चम्मच नींबू का रस

१/२ छोटा चम्मच लाल मिर्च फ्लेक्स

१/२ छोटा चम्मच मिक्स्ड हर्ब

१२-१६ हरे ऑलिव, बीज निकाले

२ मध्यम आकार के टमाटर, १ १/२ इंच के टुकड़ों में कटे हुए

७-८ काली मिर्च, कूटी हुई

२-३ ताजा पार्सले के डंठल

चिकन *ओलिवेटी*

१. प्रत्येक चिकन ब्रेस्ट को एक इंच लंबे टुकड़ों में काट लें।

२. एक बर्तन में अदरक पेस्ट, लहसुन पेस्ट, काली मिर्च पाउडर, सोया सॉस और नमक मिला लें। नींबू का रस मिलाएं और इसमें चिकन के टुकड़ों को मैरीनेट करें। लाल मिर्च फ्लेक्स और मिक्स्ड हर्ब मिला लें। इसे आधे घंटे के लिए रेफ्रीजरेटर में रख दें।

३. प्रत्येक ऑलिव को चिकन से लपेटें। टूथपिक लगा लें ताकि चिकन या ऑलिव छिटके नहीं। इसे मैरीनेट करें।

४. नॉन स्टिक पैन गर्म करें। इस पर चिकन ओलिवेटी रखें और बीच-बीच में पलट कर अच्छी तरह पका लें।

५. बचे मैरीनेट के साथ टमाटर मिश्रण डालें। चिकन पकने तक पकाएं। कूटी हुई काली मिर्च पाउडर डालकर उलटे-पुलटें।

६. एक प्लेट में चिकन ओलिवेटी सजाएं। ताजा पार्सले से सजाएं और गर्मागर्म परोसें।

माँसाहारी | तैयारी ४५ मिनट | बनाने में २० मिनट | परोसें ४ व्यक्तियों को

चिकन
ओलिवेटी

सामग्री

२ छोटी फूल गोभी, डंठल और पत्ते निकाले हुए

२५० ग्राम स्किम्ड् दूध का पनीर, कद्दूकस किया हुआ

१/४ छोटा चम्मच हल्दी पाउडर

१ बड़ा चम्मच बेसन

२ कप स्किम्ड् दूध का दही, पानी निकाला हुआ

१ छोटा चम्मच कसूरी मेथी, भूनी और कूटी हुई

२ छोटा चम्मच अदरक पेस्ट

२ छोटा चम्मच लहसुन पेस्ट

१ छोटा चम्मच लाल मिर्च पाउडर

१ छोटा चम्मच चाट मसाला

१/२ छोटा चम्मच गरम मसाला पाउडर

१ बड़ा चम्मच नींबू का रस

स्वादानुसार नमक

२ बड़े चम्मच किशमिश

१/४ छोटा चम्मच अजवाइन

२ बड़े चम्मच पुदीने की ताज़ी पत्तियां

४ बड़े चम्मच धनिया की ताज़ी पत्तियां, कटी हुई

२-४ हरी मिर्च, बारीक कटी

१ नींबू, टुकड़ा किया हुआ

तंदूरी स्टफ्ड् कॉलीफ्लावर

१. बड़े पैन में हल्दी पाउडर डालकर पांच कप पानी उबालें। पानी उबलने लगे तो फूल गोभी डाल दें। पांच मिनट उबालें। छानकर ठंडे पानी से धोलें।

२. नॉन स्टिक पैन गर्म करें और खुश्बू आने तक धीमी आंच पर बेसन भूनें।

३. बड़े बर्त्तन में पानी निकाला दही, भूना बेसन, कसूरी मेथी, अदरक पेस्ट, लहसुन पेस्ट, लाल मिर्च पाउडर, बचा हल्दी पाउडर, आधा चाट मसाला, गरम मसाला पाउडर, नींबू का रस और नमक मिलाएं। अच्छी तरह मिलाकर अलग रख लें।

४. पनीर, किशमिश, अजावाइन, पुदीने की पत्तियां, आधा धनिया की पत्तियां, बचा चाट मसाला, हरी मिर्च और नमक का मिश्रण बना लें।

५. पनीर के मिश्रण को फूल गोभी के बीच-बीच में भरें और भरवां गोभी को दही में आधे घंटे के लिए मैरीनेट कर लें।

६. २००° सेंटीग्रेड/४००° फारेनहाइट/गैस मार्क ६ पर अवन पहले से गर्म करें।

७. पहले से गर्म अवन में फूल गोभी पकाएं। बचा हुआ मैरीनेट फूल गोभी पर छिड़क दें।

८. पकी फूल गोभी को टुकड़ों में कर लें। इसे नींबू की कतरनों और बची धनिया पत्तियों से सजाकर परोसें।

शाकाहारी | तैयारी ४० मिनट | बनाने में ३० मिनट | परोसें ४ व्यक्तियों को

वेजिटेबल जालफ्रेजी

सामग्री

२ मध्यम आकार के आलू, $^{१}/_{४}$ इंच मोटे अंडाकार स्लाइस में कटे हुए

२ मध्यम आकार के प्याज, आधे हिस्से में काट कर मोटे स्लाइस में कटे हुए

२ मध्यम आकार के कैप्सिकम, बीज निकाले हुए

१ बड़ी गाजर

१०० ग्राम स्किम्ड् दूध का पनीर

१० फ्रेंच बींस

$^{१}/_{४}$ छोटा गोभी, टुकड़े किए हुए

४ मध्यम आकार के टमाटर

१ छोटा चम्मच ज़ीरा

२ साबुत लाल मिर्च, बीच में तोड़ा हुआ

२ बड़े चम्मच सिरका

$^{१}/_{३}$ कप टमाटर केचप

१$^{१}/_{२}$ छोटा चम्मच लाल मिर्च पाउडर

२ इंच अदरक, पतले कटे हुए

स्वादानुसार नमक

१ छोटा चम्मच गरम मसाला पाउडर

२ बड़े चम्मच धनिया की ताज़ी पत्तियां, बारीक कटी हुई

१. कैप्सिकम, गाजर, पनीर और फ्रेंच बींस लंबा-लंबा काट लें।

२. दो कप उबले पानी में गाजर और फ्रेंच बींस दो मिनट तक डालकर निकाल लें। ठंडे पानी से अच्छी तरह धो लें। दो कप उबले पानी में तीन-चार मिनट के लिए फूलगोभी रखकर निकाल लें।

३. टमाटर की प्यूरी बना लें।

४. नॉन स्टिक पैन गर्म करें। जीरा और लाल मिर्च रंग बदलने तक भूनें। सिरका और दो बड़े चम्मच पानी मिलाएं और थोड़ी देर तक पकाएं।

५. टमाटर की प्यूरी और केचप मिलाकर दो-तीन मिनट तक पकाएं।

६. लाल मिर्च पाउडर, हल्दी पाउडर, अदरक, कटे आलू, नमक और एक कप पानी मिलाकर दो-तीन मिनट तक पकाएं।

७. प्याज और कैप्सिकम मिलाएं और दो-तीन मिनट तक पकाते रहें।

८. गाजर, फ्रेंच बींस और गोभी मिलाकर उलट-पुलट लें। पनीर डालकर मिलाएं।

९. गरम मसाला छिड़कें और धनिया की ताजा पत्तियों से सजाकर गर्मागर्म परोसें।

शाकाहारी | तैयारी २० मिनट | बनाने में १५ मिनट | परोसें ४ व्यक्तियों को

सामग्री

३ पालक के बड़े गुच्छे (प्रत्येक ६०० ग्राम)

१०-१२ बेबी कॉर्न, १/२ इंच के टुकड़ों में कटे हुए

२ मध्यम आकार के प्याज, १ इंच के टुकड़ों में कटे हुए

५-६ लहसुन की कलियां, कटी हुई

२-३ हरी मिर्च, बीच से चीरी हुई

१ मध्यम आकार का हरा कैप्सिकम, १/२ इंच के टुकड़ों में कटा हुआ

२ बड़े चम्मच कॉर्न फ्लॉर

३/४ कप वेजिटेबल स्टॉक (पृष्ठ १२०)

स्वादानुसार नमक

१/४ छोटा चम्मच एमएसजी (वैकल्पिक)

१/४ छोटा चम्मच काली मिर्च पाउडर

पालक
बेबी कॉर्न सब्जी

१. दो कप उबले पानी में बेबी कॉर्न दो-तीन मिनट के लिए डालकर निकाल लें। इसे अलग रख लें।

२. नॉन स्टिक पैन गर्म करें। प्याज और लहसुन डालकर दो मिनट पकाएं।

३. हरी मिर्च, कैप्सिकम और बेबी कॉर्न मिलाएं और दो-तीन मिनट तक तेज आंच पर पकाएं।

४. पालक डालें और उलट-पुलट लें। वेजिटेबल स्टॉक और कॉर्न फ्लॉर का मिश्रण डालें और दो-तीन मिनट तक पकाएं।

५. नमक, एमएसजी और काली मिर्च पाउडर डालें।

६. गर्मागर्म परोसें।

शाकाहारी | तैयारी १० मिनट | बनाने में १० मिनट | परोसें ४ व्यक्तियों को

वेजिटेबल स्ट्यू
विद् गार्लिक ब्रेड

सामग्री

२ मध्यम आकार की गाजर, १ इंच के टुकड़ों में कटी हुई

१/४ छोटा फूल गोभी, टुकड़े किए हुए

१/४ कप हरे मटर, छीले हुए

२ मध्यम आकार के आलू, १ इंच के टुकड़ों में कटे हुए

१ मध्यम ज्युकिनी, १ इंच के टुकड़ों में कटी हुई

१ इंच अदरक, स्लाइस किया हुआ

३-४ लौंग

८-१० काली मिर्च

१ छोटा चम्मच जीरा

१ मध्यम आकार का प्याज, स्लाइस किया हुआ

४१/२ कप वेजिटेबल स्टॉक (पृष्ठ १२०)

स्वादानुसार नमक

१ सेलरी डंठल, १ इंच के टुकड़ों में कटी हुई

३-४ काली मिर्च, कूटी हुई

५ पालक की पत्तियां, कटी हुई

१ गार्लिक ब्रेड लोफ, स्लाइस किया हुआ

१. उबले पानी में गाजर, फूल गोभी और मटर अलग-अलग डालकर निकाल लें और अलग रख लें।

२. अदरक, लौंग, काली मिर्च और जीरा मलमल के कपड़े में बांधकर पोटली बनाकर रख लें।

३. नॉन स्टिक पैन गर्म करें। प्याज डालें और हल्का भून लें। वेजिटेबल स्टॉक डालकर उबाल लें।

४. मसाले की पोटली उबलते स्टॉक में डालें और नमक मिला लें।

५. आलू मिलाएं। ढक कर मध्यम आंच पर पकाएं। आलू पक जाने पर पोटली निकाल लें और आलू मसल कर स्टॉक को गाढ़ा बना लें।

६. सेलरी, ज्युकिनी, गाजर, गोभी और हरे मटर डालकर धीमी आंच पर दो मिनट तक पकाएं। नमक चख लें और कूटी हुई काली मिर्च मिला लें।

७. पालक के पत्ते डालकर अच्छी तरह मिला लें।

८. गार्लिक ब्रेड स्लाइस को हल्का टोस्ट कर लें और गर्म स्ट्यू के साथ परोसें।

शाकाहारी | तैयारी २० मिनट | बनाने में २० मिनट | परोसें ४ व्यक्तियों को

चटनी वाले आलू

वेजिटेबल स्टयू विद् गार्लिक ब्रेड

सामग्री

४० छोटे आलू (बेबी पोटेटो)

१/२ छोटा चम्मच हल्दी पाउडर

स्वादानुसार नमक

१ कप धनिया की ताज़ी पत्तियां, बारीक कटी हुई

१/४ कप पुदीने की ताज़ी पत्तियां, कटी हुई

१०-१२ हरी मिर्च, कटी हुई

४-६ लहसुन की कलियां, मोटी कटी हुई

२ इंच अदरक कटा हुआ

४ छोटे चम्मच नींबू का रस

२ छोटे चम्मच जीरा

२ छोटे चम्मच धनिया पाउडर

१ छोटा चम्मच जीरा पाउडर

१/२ कप स्किम्ड दूध का दही

१ छोटा चम्मच तिल, भुना हुआ

चटनी वाले *आलू*

१. नमक और हल्दी मिलाकर आलू को आधा उबाल लें। छानकर ठंडा करें और बिना छीले दो फांक कर लें।

२. चटनी के लिए धनिया की पत्तियां, पुदीने की पत्तियां, हरी मिर्च, लहसुन और अदरक, नमक एवं नींबू के रस के साथ पेस्ट बना लें।

३. नॉन स्टिक पैन गर्म करें और खुशबू आने तक जीरा भूनें। दो फांक किए आलू, धनिया पाउडर, जीरा पाउडर, बचा हुआ हल्दी पाउडर डालकर अच्छी तरह मिला लें। आधा कप पानी डालें और धीमी आंच पर आलू गलने तक पकाएं।

४. चटनी डालें। आधा कप पानी डालकर अच्छी तरह मिला लें। नमक डालकर तीन-चार मिनट के लिए पकाएं। दही डालकर मिला लें। मिश्रण को उबलने तक पकाएं और फिर आंच से उतार लें।

५. भुने तिल छिड़कें और गर्मागर्म परोसें।

शाकाहारी | तैयारी १५ मिनट | बनाने में १५ मिनट | परोसें ४ व्यक्तियों को

सामग्री

१/२ कप मकई के दाने, उबले हुए

२ पालक के बड़े गुच्छे (६०० ग्राम प्रत्येक)

२ मध्यम आकार के प्याज, बारीक कटे हुए

१ इंच अदरक, कद्दूकस किया हुआ

२ हरी मिर्च, बारीक कटी हुई

चुटकी भर नमक पाउडर

१ छोटा चम्मच लाल मिर्च पाउडर

१ छोटा चम्मच अमचूर

स्वादानुसार नमक

१/४ कप स्किम्ड् दूध का दही

१ चम्मच कसूरी मेथी, कूटी हुई

१ इंच ताजा अदरक, लंबे, पतले कटे हुए

मकई
पालक

१. पर्याप्त उबलते पानी में पालक को एक मिनट तक रखें। छानकर ब्लेंडर में प्यूरी कर लें।

२. नॉन स्टिक पैन गर्म करें। प्याज, अदरक और हरी मिर्च दो से तीन मिनट तक भून लें।

३. हल्दी पाउडर, लाल मिर्च पाउडर, अमचूर और नमक डालें। एक चौथाई कप पानी मिलाकर एक-दो मिनट तक पकाएं।

४. दही डालकर अच्छी तरह मिला लें। पालक की प्यूरी, मकई के दाने और नमक मिलाकर दो मिनट उबालें।

५. गरम मसाला पाउडर और कसूरी मेथी मिलाएं। चलाकर आंच से उतार लें।

६. अदरक के पतले रेशों से सजाएं और रोटी के साथ गर्मागर्म परोसें।

शाकाहारी | तैयारी १५ मिनट | बनाने में १० मिनट | परोसें ४ व्यक्तियों को

मसालेदार कद्दू

सामग्री

- ४०० ग्राम लाल कद्दू
- १/२ छोटा चम्मच मेथी दाना
- चुटकी भर हींग
- २ हरी मिर्च, कटी हुई
- स्वादानुसार नमक
- १/२ छोटा चम्मच हल्दी पाउडर
- १ बड़ा चम्मच धनिया पाउडर
- १ इंच अदरक, पतला कटा हुआ
- १ १/२ छोटा चम्मच लाल मिर्च पाउडर
- २ बड़े चम्मच शक्कर
- १ १/२ बड़े चम्मच नींबू का रस
- २ बड़े चम्मच धनिया की ताज़ी पत्तियां, बारीक कटी हुई

१. लाल कद्दू छीलकर एक इंच के टुकड़े कर लें।

२. नॉन स्टिक पैन गर्म करें। मेथी, हींग, हरी मिर्च और लाल कद्दू के टुकड़े मिला लें।

३. नमक, हल्दी पाउडर, धनिया पाउडर, अदरक और लाल मिर्च पाउडर मिलाएं। थोड़ा पानी डालें और ढककर धीमी आंच पर दस से पंद्रह मिनट तक पकाएं।

४. शक्कर, नींबू का रस और धनिया की पत्तियां मिलाएं। ढककर मध्यम आंच पर दस मिनट तक पकाएं। नरम हो जाने पर लाल कद्दू को चम्मच के पिछले हिस्से से मसल दें।

५. गर्मागर्म परोसें।

शाकाहारी | तैयारी १५ मिनट | बनाने में २० मिनट | परोसें ४ व्यक्तियों को

टबुलेह स्टफ्ड् टोमाटोस्

सामग्री

- १/२ कप बरगल
- ८ मध्यम आकार के कड़क टमाटर
- २-३ हरा प्याज, कटा हुआ
- १ छोटी मूली, कद्दूकस की हुई
- २ बड़े चम्मच किशमिश
- २ बड़े चम्मच नींबू का रस
- स्वादानुसार नमक
- ५-६ काली मिर्च, कूटी हुई
- ३ बड़े चम्मच ताजा पार्सले, कटे हुए
- ६-८ लेट्टस की पत्तियां
- ६-८ पुदीना की ताज़ी पत्तियां

१. उबले गर्म पानी में बरगल आधे घंटे के लिए भिगोएं। पानी से निकालकर अतिरिक्त पानी दबाकर निचोड़ लें और अलग रख लें।

२. टमाटर का ऊपरी हिस्सा काटे और बीज निकाल लें। बीज अलग रख लें।

३. बरगल, हरा प्याज, मूली, किशमिश, नींबू का रस, नमक, कूटी हुई काली मिर्च, पार्सले और रखे हुए टमाटर के बीज अच्छी तरह मिला लें। यह मिश्रण टमाटर में भरें।

४. एक स्टीमर में पर्याप्त पानी गर्म करें।

५. छिद्रदार प्लेट पर भरवां टमाटर रखें और दस मिनट तक स्टीम करें। बाहर निकालकर थोड़ी देर ठंडा कर लें।

६. लेट्टस की पत्तियों पर सजा लें और ऊपर से पुदीना की पत्तियों के टुकड़े छिड़क दें। गर्मागर्म परोसें।

शाकाहारी | तैयारी ३० मिनट | बनाने में १० मिनट | परोसें ४ व्यक्तियों को

सामग्री

१ कप हरे मटर, छीले हुए

२०० ग्राम पनीर, १/२ इंच के टुकड़ों में कटा हुआ

३/४ छोटा चम्मच जीरा

२ बड़े आकार के प्याज, बारीक कटे हुए

१ बड़ा चम्मच अदरक-लहसुन पेस्ट

२ हरी मिर्च, बारीक कटी हुई

१/४ छोटा चम्मच हल्दी पाउडर

१ छोटा चम्मच लाल मिर्च पाउडर

१ छोटा चम्मच धनिया पाउडर

२ बड़े आकार के टमाटर, प्यूरी किए हुए

स्वादानुसार नमक

१/४ छोटा चम्मच गरम मसाला पाउडर

१ बड़ा चम्मच धनिया की ताज़ी पत्तियां, बारीक कटी हुई

मटर पनीर

१. नॉन स्टिक पैन गर्म करें और जीरा डाल दें। जीरा रंग बदलने लगे तो प्याज, अदरक-लहसुन पेस्ट मिला लें। हल्का भूरा होने तक पकाएं। हरी मिर्च, हल्दी पाउडर, लाल मिर्च पाउडर और धनिया पाउडर डालकर एक तिहाई कप पानी डालें और अच्छी तरह मिला लें।

२. टमाटर की प्यूरी और नमक एक कप पानी के साथ मिलाएं और दो मिनट तक पकाएं। हरा मटर डालकर मिला लें। पांच मिनट तक या मटर पकने तक पकाएं।

३. पनीर के टुकड़े डालें और गरम मसाला मिला लें। हल्के से चला लें।

४. धनिये की पत्तियों से सजाकर गर्मागर्म परोसें।

शाकाहारी | तैयारी १० मिनट | बनाने में १० मिनट | परोसें ४ व्यक्तियों को

सामग्री

२ (प्रत्येक ६०० ग्राम) पालक के बड़े गुच्छे
४ मध्यम आकार के आलू
४ मध्यम आकार के प्याज
८-१० लहसुन की कलियां, बारीक कटी हुई
स्वादानुसार नमक
७-८ काली मिर्च, कूटी हुई
१/२ छोटा चम्मच टबैस्को सॉस
३/४ कप स्किम्ड् दूध
चुटकी भर जायफल पाउडर
१/२ कप ब्राउन ब्रेड का चूरा

स्पिनच एंड पोटैटो बेक्

१. उबले पानी में एक मिनट के लिए पालक रखें ताकि उसका हरापन खत्म हो जाए। उबले पानी से निकालकर ठंडे पानी से धो लें और काट लें।

२. दो आलू उबाल लें। छीलकर मसल लें। बाकी दो आलुओं को छीलकर उनके पतले स्लाइस कर लें। इन्हें भी दो-तीन मिनट उबले पानी में डालकर निकाल लें और रख लें। दो प्याज काट लें और बाकी दो प्याज छल्लेदार स्लाइस कर लें।

३. अवन को १८०° सेंटीग्रेड/३५०° फारेनहाइट / गैस मार्क ४ पर पहले से गर्म कर लें।

४. नॉन स्टिक पैन गर्म करें और कटे प्याज एवं लहसुन हल्का भूरा होने तक भूनें। पालक को हथेलियों के बीच दबाकर अतिरिक्त पानी निकाल दें। थोड़ी देर तक पकाएं ताकि पानी बिल्कुल न रहे। नमक, आधी कूटी हुई काली मिर्च और टबैस्को सॉस मिलाकर अलग रख लें।

५. एक और नॉन स्टिक पैन गर्म करें। छल्लेदार प्याज और आलू के स्लाइस को उलट-पुलट लें। नमक, बाकी बची काली मिर्च डालें और अच्छी तरह मिला लें।

६. मसले हुए आलू, दूध और जायफल का पाउडर मिलाकर पेस्ट तैयार कर लें। इसे स्टार नोजल के पाइपिंग बैग में डालकर रख लें।

७. अवन प्रूफ डिश में पालक, आलू और प्याज के मिश्रण एक-एक कर बिछाएं। ऊपरी परत के ऊपर ब्राउन ब्रेड का चूरा छिड़कें। मसले आलू सबसे ऊपर पाइप से डालें और तीस मिनट के लिए बेक करें।

८. गर्मागर्म परोसें।

शाकाहारी | तैयारी २० मिनट | बनाने में ४० मिनट | परोसें ४ व्यक्तियों को

थाई ग्रीन करी
विद् वेजीटेबल्स

थाई ग्रीन करी
विद् वेजीटेबल्स

सामग्री

१ मध्यम आकार की गाजर, चौकोर कटी हुई

१/२ छोटी फूल गोभी, छोटे टुकड़ों में कटी हुई

२-३ छोटे बैंगन

१ मध्यम आकार का आलू, १/२ इंच के क्यूब में कटा हुआ

५ लेमन ग्रास डंठल

१ छोटा चम्मच नींबू का रस

स्वादानुसार नमक

३/४ कप ताज़े नारियल का दूध

२-३ बेसिल की पत्तियां

ग्रीन करी पेस्ट के लिए

१० हरी मिर्च

३ सांभर प्याज

९ लहसुन की कलियां

१ इंच गलंगल

३ इंच लेमन ग्रास डंठल

१/४ छोटा चम्मच नींबू का छिल्का, कद्दूकस किया हुआ

धनिया के जड़ का छोटा गुच्छा

२ छोटे चम्मच जीरा

स्वादानुसार नमक

१. ग्रीन करी पेस्ट बनाने के लिए हरी मिर्च, सांभर प्याज, लहसुन, गलंगल, लेमन ग्रास, नींबू का छिल्का, धनिया के जड़, धनिया और जीरा में नमक मिलाकर पेस्ट तैयार कर लें।

२. उबलते पानी में सब्जियों को दो मिनट तक रखकर उन्हें ठंडे पानी से धो लें। लेमन ग्रास मलमल के कपड़े में बांध लें और उसे हल्के से कूट दें।

३. नॉन स्टिक पैन गर्म करें। ग्रीन करी पेस्ट डालकर एक मिनट तक भूनें। धोयी हुई सब्जियां और नींबू का रस डालें और लगातार चलाते हुए तीन-चार मिनट तक पकाएं।

४. तीन कप पानी मिला लें और पकाते रहें। लेमन ग्रास डालें और तीन-चार मिनट तक पकाएं ताकि करी में खुश्बू आ जाए।

५. लेमन ग्रास निकाल लें। नमक और नारियल का दूध मिलाएं। एक मिनट तक पकाएं।

६. बेसिल की पत्तियां डालकर आंच से उतार लें। गर्मागर्म परोसें।

शेफ की सलाह : *गलंगल एक प्रकार का अदरक होता है जो थाई कुकिंग में इस्तेमाल होता है। अगर यह न मिले तो अदरक इस्तेमाल करें।*

शाकाहारी | तैयारी २० मिनट | बनाने में १५ मिनट | परोसें ४ व्यक्तियों को

सामग्री

२० छोटे आलू, बिना छिले हुए

$^{१}/_{२}$ कप स्किम्ड् दूध का दही

चुटकी भर हींग

२ छोटे चम्मच लहसुन पेस्ट

२ छोटे चम्मच अदरक पेस्ट

२ छोटे चम्मच लाल मिर्च पाउडर

$^{१}/_{२}$ छोटा चम्मच हल्दी पाउडर

२ छोटे चम्मच धनिया पाउडर

१ छोटा चम्मच जीरा पाउडर

$^{१}/_{२}$ छोटा चम्मच गरम मसाला पाउडर

स्वादानुसार नमक

२ बड़े प्याज, बारीक कटे हुए

२ बड़े चम्मच ताज़ी धनिया पत्तियां, बारीक कटी हुई

बेबी पोटेटोस्

इन् स्पाइसी योगर्ट ग्रेवी

१. पर्याप्त पानी में आलू को अधपका उबाल लें। छानकर अलग रख लें।

२. दही, हींग, लहसुन पेस्ट, अदरक पेस्ट, लाल मिर्च पाउडर, धनिया पाउडर, जीरा पाउडर, गरम मसाला पाउडर और नमक एक साथ मिला लें। छोटे आलुओं को कांटे से छेद कर लें और मिश्रण में डालकर आधे घंटे तक मैरीनेट होने दें।

३. नॉन स्टिक पैन गर्म करें और इसमें हल्का भूरा होने तक प्याज भूनें। मेरीनेड के साथ आलू डालें और मिला लें। मिश्रण उबलने लगे तो आंच धीमी कर दें और शोरबा गाढ़ा होने तक पकाएं। शोरबा गाढ़ा होने पर आलू से चिपकने लगेगा।

४. धनिया की पत्तियों से सजाएं और रोटी के साथ गर्मागर्म परोसें।

शाकाहारी | तैयारी ३० मिनट | बनाने में १० मिनट | परोसें ४ व्यक्तियों को

सामग्री

१ कप सोया का चूरा

१ कप छीले हुए हरे मटर

$१^{१}/_{२}$ कप स्किम्ड् दूध

२ मध्यम आकार के प्याज, बारीक कटे हुए

८ लहसुन की कलियां, बारीक कटी हुई

१ इंच अदरक, कद्दूकस किया हुआ

२ हरी मिर्च, कटी हुई

१ छोटा चम्मच धनिया पाउडर

१ छोटा चम्मच जीरा पाउडर

$^{३}/_{४}$ छोटा चम्मच लाल मिर्च पाउडर

४ छोटा चम्मच धनिया की ताज़ी पत्तियां, बारीक कटी हुईं

स्वादानुसार नमक

१ छोटा चम्मच गरम मसाला पाउडर

१ बड़ा चम्मच नींबू का रस

सोया कीमा
मटर

१. सोया के चूरा को दूध में आधे घंटे के लिए भिगोएं।

२. नॉन स्टिक पैन गर्म करें। प्याज डालें और भूरा होने तक भूनें। लहसुन मिलाएं और एक मिनट भूनें।

३. अदरक, हरी मिर्च, धनिया पाउडर, जीरा पाउडर, लाल मिर्च पाउडर और दो बड़े चम्मच पानी मिलाएं। चलाते हुए दो मिनट तक पकाएं।

४. हरे मटर और एक चौथाई पानी अच्छी तरह मिला लें। ढक कर मटर गलने तक पकाएं।

५. दूध के साथ सोया का चूरा डालें और लगभग सूखने तक पकाएं।

६. धनिया की पत्तियां, नमक, गरम मसाला पाउडर और नींबू का रस डालकर अच्छी तरह मिला लें।

७. गर्मागर्म परोसें।

शाकाहारी | तैयारी ६० मिनट | बनाने में २० मिनट | परोसें ४ व्यक्तियों को

सोया कीमा मटर

गट्टा करी

गट्टा करी

सामग्री

गट्टा के लिए

- २ १/२ कप बेसन, छाना हुआ
- ३ बड़े चम्मच स्किम्ड् दूध का दही
- १/२ छोटा चम्मच जीरा
- १/२ छोटा चम्मच लाल मिर्च पाउडर
- १/२ छोटा चम्मच हल्दी पाउडर
- स्वादानुसार नमक
- चुटकी भर सोडा बायकार्बोनेट

शोरबे के लिए

- २ मध्यम आकार के प्याज
- १/२ इंच अदरक
- १ १/२ कप स्किम्ड् दूध का दही
- १ छोटा चम्मच लाल मिर्च पाउडर
- २ छोटे चम्मच धनिया पाउडर
- १/२ छोटा चम्मच हल्दी पाउडर
- २ छोटा चम्मच जीरा
- चुटकी भर हींग
- स्वादानुसार नमक
- १/२ छोटा चम्मच गरम मसाला पाउडर
- २ बड़े चम्मच धनिया की ताज़ी पत्तियां, बारीक कटी हुई

१. गट्टे के लिए सभी सामग्रियां मिला लें। पर्याप्त पानी मिलाकर कड़ा गूंध लें। छह बराबर हिस्सों में बांटें और बेलनाकार कर लें।

२. पांच कप उबलते पानी में दस से पंद्रह मिनट तक गट्टा पकाएं। छान लें और बचा पानी शोरबे के लिए रख लें। गट्टे के एक इंच के आड़े टुकड़े कर लें।

३. प्याज काटें और आधा कप पानी में उबाल लें। ठंडा कर अदरक के साथ बारीक पेस्ट बना लें।

४. दही को लाल मिर्च पाउडर, धनिया पाउडर और हल्दी पाउडर के साथ फेंट लें।

५. नॉन स्टिक पैन गर्म करें। जीरा और हींग डालें। जीरा के रंग बदलने तक भूनते रहें।

६. प्याज का पेस्ट मिलाएं और हल्का गुलाबी होने तक धीमी आंच पर पकाएं।

७. दही का मिश्रण डालें और पांच मिनट तक धीमी आंच पर उबालें।

८. गट्टा, नमक, और गट्टा उबाले हुए बचा पानी डालें। शोरबा गाढ़ा होने तक उबालें। गरम मसाला पाउडर डालें और स्वाद चख लें।

९. धनिया पत्तियों से सजाएं और गर्मागर्म परोसें।

शाकाहारी | तैयारी १५ मिनट | बनाने में ३० मिनट | परोसें ४ व्यक्तियों को

स्टीम्ड् लौकी
एंड पालक कोफ्तास्

सामग्री

कोफ्ता के लिए

१ छोटी (२५० ग्राम) लौकी, छीली और कद्दूकस की हुई

२ (प्रत्येक ३५० ग्राम) पालक के गुच्छे

स्वादानुसार नमक

३ मध्यम आकार के आलू, उबले और मसले हुए

२-३ हरी मिर्च, बारीक कटी हुई

१ बड़ा चम्मच किशमिश

३ बड़े चम्मच चावल का दानेदार पाउडर

१/२ छोटा चम्मच चाट मसाला

१ छोटा चम्मच अदरक पेस्ट

१ छोटा चम्मच लहसुन पेस्ट

१ बड़ा प्याज, बारीक कटा हुआ

करी के लिए

१ छोटा चम्मच अदरक पेस्ट

१ छोटा चम्मच लहसुन पेस्ट

१ बड़ा प्याज, कटा हुआ

१ छोटा चम्मच लाल मिर्च पाउडर

१/४ छोटा चम्मच हल्दी पाउडर

१/२ छोटा चम्मच गरम मसाला पाउडर (पृष्ठ १२०)

१ छोटा चम्मच कसूरी मेथी, भूनी और कूटी हुई

५-६ मध्यम आकार के टमाटर, प्यूरी किए हुए

१ १/२ बड़ा चम्मच शहद

२ बड़े चम्मच धनिया की ताज़ी पत्तियां, बारीक कटी हुई

१. कद्दूकस किए लौकी में नमक डालकर पांच मिनट के लिए छोड़ दें। लौकी को अच्छी तरह दबाकर अतिरिक्त पानी निकाल दें। उबले पानी में एक मिनट के लिए पालक डालकर नर्म कर दें। छानकर ठंडे पानी में धो लें और दबाकर अतिरिक्त पानी निकाल दें।

२. लौकी और पालक के साथ आलू, हरी मिर्च, किशमिश, चावल का पाउडर, चाट मसाला, अदरक पेस्ट, लहसुन पेस्ट, प्याज और नमक मिला लें।

३. बीस बराबर हिस्सों में बांट लें और अंडाकार कोफ्ते बना लें। कोफ्तों को एक स्टीमर में पन्द्रह से बीस मिनट तक स्टीम करें और अलग रख लें।

४. नॉन स्टिक पैन गर्म करें। अदरक पेस्ट, लहसुन पेस्ट और प्याज मध्यम आंच पर पांच-छह मिनट भूनें। लाल मिर्च पाउडर, हल्दी और गरम मसाला पाउडर, कसूरी मेथी और दो बड़े चम्मच पानी मिलाकर एक मिनट पकाएं।

५. टमाटर प्यूरी, शहद और नमक मिलाएं। एक कप पानी डालकर इसे दस मिनट तक पकने दें।

६. प्लेट में कोफ्ते सजाकर ऊपर से करी डालें और धनिया पत्तियों से सजाकर गर्मागर्म परोसें।

शाकाहारी | तैयारी १५ मिनट | बनाने में ३० मिनट | परोसें ४ व्यक्तियों को

सामग्री

१ कप मिक्स्ड् अंकुर (मूंग, मटकी, चना आदि)

$^{1}/_{२}$ छोटा चम्मच राई

६-८ कढी पत्ते

२ मध्यम आकार के प्याज, बारीक कटे हुए

$^{1}/_{२}$ छोटा चम्मच हल्दी पाउडर

$^{1}/_{२}$ छोटा चम्मच लाल मिर्च पाउडर

१ छोटा चम्मच गोडा मसाला पाउडर (पृष्ठ १२०)

१ छोटा चम्मच गुड़, कद्दूकस किया हुआ

स्वादानुसार नमक

२ बड़े चम्मच धनिया की ताज़ी पत्तियां, बारीक कटी हुई

२ बड़े चम्मच नारियल, कतरा हुआ

मसाला के लिए

६-७ लहसुन की कलियां

३-४ हरी मिर्च, कटी हुई

१ छोटा चम्मच ज़ीरा, भूना हुआ

$^{1}/_{४}$ कप नारियल, कतरा हुआ

मिक्स्ड् स्प्राउट्स

उसल

१. मसाले के पेस्ट के लिए लहसुन, हरी मिर्च, जीरा और नारियल के कतरों को पीसकर मुलायम पेस्ट बना लें। जरूरत हो तो थोड़ा पानी डाल लें।

२. नॉन स्टिक पैन गर्म करें। राई दाने डालें। वे फूटने लगें तो कढी पत्ता और प्याज मिलाएं। चलाते हुए प्याज के हल्का भूरे होने तक पकाएं।

३. मसाले का पेस्ट मिलाएं और मध्यम आंच पर तीन-चार मिनट तक पकाएं।

४. हल्दी पाउडर, लाल मिर्च पाउडर, गोडा मसाला, गुड़ और नमक डालकर अच्छी तरह मिला लें।

५. मिक्स्ड् अंकुर डालें, चलाएं और अंकुर डूबने लायक पानी डालें।

६. उबालें और चलाते हुए मध्यम आंच पर अंकुरों के नर्म होने तक पकाएं।

७. धनिया की पत्तियों और नारियल से सजाकर गर्मागर्म परोसें।

शाकाहारी | तैयारी १० मिनट | बनाने में १५ मिनट | परोसें ४ व्यक्तियों को

सामग्री

४० (४०० ग्राम) ताजा बटन मशरूम, चार टुकड़े किए हुए

१०-१२ हरे प्याज, बारीक कटे हुए

५ हरे प्याज की पत्तियां, टेढ़ी कटी हुई

१२ लहसुन की कलियां, बारीक कटी हुई

१ बड़ा चम्मच चावल का आटा

१ कप स्किम्ड् दूध का दही, फेंटा हुआ

३ लौंग

३ हरी मिर्च, बीज निकालकर काटी हुई

२ छोटे चम्मच धनिया पाउडर

स्वादानुसार नमक

$^{1}/_{2}$ छोटा चम्मच लाल मिर्च पाउडर

$^{1}/_{2}$ छोटा चम्मच हल्दी पाउडर

खुंभ
हरा प्याज

१. नॉन स्टिक पैन गर्म करें। लहसुन डालकर एक मिनट भूनें। मशरूम मिलाएं और धीमी आंच पर तीन-चार मिनट तक पकाते रहें। चावल का आटा मिला लें।

२. दही मिला लें और मिश्रण के गाढ़ा होने तक पकाएं।

३. लौंग, हरा प्याज, हरी मिर्च मिलाकर धीमी आंच पर दो मिनट तक पकाएं।

४. धनिया पाउडर, नमक, लाल मिर्च पाउडर, हल्दी पाउडर और आधा कप पानी मिलाएं। दो-तीन मिनट तक पकाएं। हरे प्याज की पत्तियां मिलाएं और गर्मागर्म परोसें।

शाकाहारी | तैयारी १० मिनट | बनाने में १५ मिनट | परोसें ४ व्यक्तियों को

खुंभ

हरा प्याज

सामग्री

४ बड़े आलू

१ कप बेक्ड् बींस

१ तेज पत्ता

१ मध्यम आकार का प्याज, बारीक कटा हुआ

६ लहसुन की कलियां, कटी हुई

१ बड़ा चम्मच टमाटर केचप

१ छोटा चम्मच सेंधा नमक

१/४ छोटा चम्मच काली मिर्च पाउडर

जैकिट् पोटेटोस्

विद् बेक्ड् बींस स्टफिंग

१. छिलके के साथ आलू को अधपका उबाल लें। छान कर ठंडा करें और दो टुकड़े कर लें। बीच के हिस्से को कलछी से निकाल लें। बाहरी मोटा हिस्सा बचा रहे।

२. २००° सेंटीग्रेड/४००° फारेनहाइट/गैस मार्क ६ पर पहले से अवन गर्म कर लें।

३. नॉन स्टिक पैन गर्म करें। तेज पत्ता, प्याज और लहसुन मिलाकर प्याज के हल्का भूरा होने तक पकाएं।

४. टमाटर केचप मिला लें।

५. बेक्ड् बींस, सेंधा नमक और काली मिर्च पाउडर मिलाएं और चलाते हुए उबलने तक गर्म करें।

६. हल्का ठंडा कर लें। आधे-आधे किए आलुओं को बेक्ड् बींस मिश्रण से भरें। एक बेकिंग ट्रे में आलू सजा लें और पंद्रह से बीस मिनट तक पकाएं।

७. गर्मागर्म परोसें।

शाकाहारी | तैयारी १५ मिनट | बनाने में ३० मिनट | परोसें ४ व्यक्तियों को

सामग्री

- २ मध्यम आकार के आलू, छीले और १ इंच के चौकोर टुकड़ों में कटे हुए
- २ मध्यम आकार की गाजर, छीली और १ इंच के चौकोर टुकड़ों में कटी हुई
- १ हरा कैप्सिकम, बीज निकाले और १ इंच के टुकड़ों में कटे हुए
- २ मध्यम आकार के ज्युकिनी, १ इंच के टुकड़ों में कटे हुए
- १ पालक का छोटा गुच्छा, कटा हुआ
- १/२ कप काबुली चना
- ३ कप वेजिटेबल स्टॉक (पृष्ठ १२०)
- १ इंच ताजा अदरक, स्लाइस किया हुआ
- ३-४ लौंग
- ८-१० काली मिर्च
- १ सेलरी डंठल, १ इंच के टुकड़ों में कटी हुई
- १ छोटा चम्मच जीरा पाउडर
- चुटकी भर लाल मिर्च पाउडर
- स्वादानुसार नमक
- १/२ छोटा चम्मच काली मिर्च पाउडर
- १० पुदीना की ताज़ी पत्तियां

मिड्ल् ईस्टर्न् वेजिटेबल स्ट्यू

१. काबुली चना धोकर पर्याप्त मात्रा में रात भर के लिए या कम से कम छह घंटे के लिए भिगो लें। प्रेशर कुकर में डालकर पका लें। अलग रख लें।

२. एक सॉस पैन में वेजिटेबल स्टॉक उबाल लें।

३. मलमल के कपड़े में अदरक के स्लाइस, लौंग और काली मिर्च बांध लें और उबलते स्टॉक में डालें।

४. उबले काबुली चना, आलू, गाजर, सेलरी, जीरा पाउडर और लाल मिर्च पाउडर डालें। अच्छी तरह मिलाकर मध्यम आंच पर उबलने तक गर्म करें।

५. ढक कर धीमी आंच पर सब्जियों के नरम होने तक पकाएं। कैप्सिकम, ज्युकिनी और पालक डालें और दो मिनट पकाएं। मसाले की पोटली निकाल कर फेंक दें।

६. नमक, और काली मिर्च पाउडर डालें और पुदीना की पत्तियों से सजाकर गर्मागर्म परोसें।

शाकाहारी | तैयारी १५ मिनट | बनाने में ३० मिनट | परोसें ४ व्यक्तियों को

सामग्री

४ (२०० ग्राम प्रत्येक) पॉम्फ्रेट

स्वादानुसार नमक

२ बड़े चम्मच नींबू का रस

$^{1}/_{2}$ छोटा चम्मच हल्दी पाउडर

२-३ केले के पत्ते

२ नींबू, कतरे हुए

२ मध्यम आकार के प्याज, छल्लेदार कटे हुए

मसाला के लिए

६ साबुत, सूखी लाल मिर्च

२ छोटे चम्मच धनिया

२ छोटे चम्मच जीरा

५-६ काली मिर्च

४-५ लौंग

$^{1}/_{2}$ इंच दालचीनी

८ लहसुन की कलियां

१ इंच अदरक

१ मध्यम आकार का टमाटर, कटा हुआ

२ बड़े चम्मच सिरका

$^{1}/_{2}$ छोटा चम्मच शक्कर

स्वादानुसार नमक

बेक्ड् फिश

इन् रेड् मसाला

१. मछली धोएं, साफ करें और सुखा लें। मछली को दोनों तरफ से तेज चाकू से चीरा लगा दें। नमक, नींबू का रस और हल्दी पाउडर लपेट लें। आधे घंटे के लिए रेफ्रीजरेटर में छोड़ दें।

२. मसाले की सारी चीजें मिला लें और उसका नरम पेस्ट तैयार कर लें। जरूरी हो तो थोड़ा पानी मिला लें।

३. यह पेस्ट मछली के दोनों तरफ लगाएं और पंद्रह मिनट के लिए रेफ्रीजरेटर में छोड़ दें।

४. २००° सेंटीग्रेड/४००° फारेनहाइट/गैस मार्क ६ पर अवन पहले से गर्म कर लें।

५. मछली को केले के पत्ते में लपेट लें और एक बेकिंग ट्रे में रखकर पंद्रह मिनट के लिए बेक करें।

६. नींबू की कतरनों और प्याज के छल्लों के साथ गर्मागर्म परोसें।

सामग्री

२ (प्रत्येक ४०० ग्राम) पॉम्फ्रेट या कोई भी चपटी मछली

१ छोटा प्याज, कटा हुआ

२ हरी मिर्च, चीरी और आधी की हुई

स्वादानुसार नमक

१ बड़ा चम्मच माल्ट सिरका

मसाला के लिए

२ छोटे चम्मच जीरा

२ बड़े चम्मच धनिया

६ साबुत लाल मिर्च

$^{1}/_{2}$ नारियल, कद्दूकस किया हुआ

२ इंच ताज़ा अदरक, कटा हुआ

१५ लहसुन की कलियां, कटी हुई

१ बड़ा चम्मच इमली का गूदा

गोवन

फिश करी

१. प्रत्येक पॉम्फ्रेट के छह स्लाइस कर लें। जीरा, धनिया और लाल मिर्च को सूखा भून लें।

२. भूनें मसालों का महीन पेस्ट नारियल, अदरक, लहसुन और इमली के साथ तैयार कर लें। थोड़ा पानी मिला लें।

३. आधा पेस्ट मछली में लपेट दें।

४. नॉन स्टिक पैन गर्म करें। प्याज डालें और भूरा होने तक भूनें। हरी मिर्च डालें। मध्यम आंच पर तीन मिनट तक चलाते हुए पकाएं।

५. बाकी बचा पेस्ट डालें और अच्छी तरह मिला लें। तीन मिनट तक धीमी आंच पर खुश्बू आने तक पकाएं। डेढ़ कप पानी डालकर उबाल लें। मैरीनेट की हुई मछली डालें और नमक मिला लें। पांच मिनट तक धीमी आंच पर पकाएं।

६. सिरका डालें और चावल के साथ गर्मागर्म परोसें।

माँसाहारी | तैयारी १५ मिनट | बनाने में १० मिनट | परोसें ४ व्यक्तियों को

डाब चिंगरी

सामग्री

१ कप छोटे प्रॉन, छीले और नस निकाले हुए

१ छोटा कच्चा नारियल (डाब)

२ मध्यम आकार के प्याज, बारीक स्लाइस किए हुए

४-५ हरी मिर्च, चीरी हुई

१/४ कप नारियल, कद्दूकस किया हुआ

१ छोटा चम्मच अदरक पेस्ट

१ १/२ छोटा चम्मच लहसुन पेस्ट

स्वादानुसार नमक

१/४ छोटा चम्मच हल्दी पाउडर

१/४ नारियल मलाई, कटी हुई

१/२ छोटा चम्मच पंचफोरन

जरूरत के मुताबिक गूंधा आटा

डाब चिंगरी

१. एक डाब लें और ऊपर से काटकर मुंह खोल लें। पानी निकाल लें और मलाई भी बाहर कर लें। ऊपरी कटा हिस्सा ढक्कन की तरह इस्तेमाल के लिए रखें।

२. प्रॉन अच्छी तरह धो लें और पानी निकाल लें।

३. २२०° सेंटीग्रेड/४२५° फारेनहाइट/गैस मार्क ७ पर अवन पहले से गर्म करें।

४. एक बर्तन में प्रॉन, प्याज, हरी मिर्च, नारियल, अदरक पेस्ट, लहसुन, पेस्ट, नमक, हल्दी पाउडर और कच्चा नारियल मिला लें।

५. नॉन स्टिक पैन गर्म करें। पंचफोरन डालें। पंचफोरन गर्म हो जाए तो मिश्रण डालें।

६. डाब को मिश्रण से भर दें।

७. डाब को ढक दें और गूंधे आटे से उसे ठीक से बंद कर दें।

८. आधे घंटे तक बेक् करें और दस मिनट यों ही छोड़ दें।

९. ठीक खाने के पहले ढक्कन खोलें और परोसें।

नोट : *पंचफोरन राई, मेथी, सौंफ, जीरा और कलौंजी के बराबर अनुपात का मिश्रण होता है। बंगाली व्यंजनों में इसका भरपूर इस्तेमाल होता है।*

माँसाहारी | तैयारी १५ मिनट | बनाने में ४० मिनट | परोसें ४ व्यक्तियों को

सामग्री

१ (६००-७०० ग्राम) किंग फिश (सुरमई)

२ बड़े चम्मच नींबू का रस

$^{१}/_{२}$ चम्मच सूखा ओरेगैनो

१ छोटा चम्मच सूखा बेसिल पत्ता

स्वादानुसार नमक

१२-१६ काली मिर्च, कूटी हुई

२-३ लहसुन की कलियां, कटी हुई

सॉस के लिए

६ लहसुन की कलियां, कटी हुई

१ मध्यम आकार का प्याज, कटा हुआ

२ कप टोमाटो कॉनकेस (नीचे देखें)

$^{१}/_{२}$ कप व्हाइट वाइन (वैकल्पिक)

३ बड़े चम्मच टोमैटो केचप

फिश
इन् टोमाटो पेप्पर सॉस

१. मछली के कांटे निकाल कर चार टुकड़ों में काट लें।

२. नींबू का रस, आधा ओरेगैनो, बेसिल, नमक, काली मिर्च और लहसुन मिलाएं। इस पेस्ट में मछली के टुकड़ों को लपेट लें और बीस से तीस मिनट मैरीनेट होने के लिए छोड़ दें।

३. नॉन स्टिक फ्राइंग पैन में प्याज और लहसुन भूरा होने तक भूनें। टोमाटो कॉनकेस, बचा ओरेगैनो, व्हाइट वाइन और टोमैटो केचप मिलाएं और कुछ मिनटों तक पकाएं।

४. मैरीनेट की हुई मछली डालें। ढकें और नर्म होने तक पकाएं।

५. गर्मागर्म परोसें।

***नोट :** टोमाटो कॉनकेस के लिए पर्याप्त उबले पानी में दो-तीन मिनट के लिए टमाटर छोड़ दें। फिर उसे ठंडे पानी से धोएं, छीलें, बीज निकालें और बारीक काटें।*

माँसाहारी | तैयारी ३० मिनट | बनाने में १० मिनट | परोसें ४ व्यक्तियों को

चिली गार्लिक प्रॉन

सामग्री

१६-२० (४०० ग्राम) मध्यम आकार के प्रॉन, छीले और नस निकाले हुए

३ मध्यम आकार के टमाटर, कटे हुए

स्वादानुसार नमक

१ इंच ताजा अदरक, पतले कटे हुए

२ बड़े चम्मच धनिया की ताज़ी पत्तियां, बारीक कटी हुई

मसाला पेस्ट

१ इंच ताजा अदरक, कटा हुआ

१०-१२ लहसुन की कलियां, कटी हुई

६-८ साबुत सूखी लाल मिर्च, बीज निकाली हुई

१/२ छोटा चम्मच, हल्दी पाउडर

१ १/२ छोटा चम्मच जीरा

१. अदरक, लहसुन, लाल मिर्च, हल्दी पाउडर और जीरे का पेस्ट बना लें।

२. नॉन स्टिक पैन गर्म करें। टमाटर, मसाला पेस्ट और नमक मिलाकर धीमी आंच पर तीन-चार मिनट पकाएं। मसाला पेस्ट सूखने दें।

३. प्रॉन डालें और नर्म होने तक पकाएं।

४. अदरक के पतले टुकड़ों और धनिया पत्तियों से सजाकर परोसें।

मॉंसाहारी | तैयारी १० मिनट | बनाने में १० मिनट | परोसें ४ व्यक्तियों को

स्टीम्ड फिश

सामग्री

२ (४०० ग्राम) सुरमई मछली के मध्यम आकार के टुकड़े, कांटे निकाले हुए

१ इंच अदरक, स्लाइस किया हुआ

६-८ लहसुन की कलियां, कूटी हुई

२-३ हरी मिर्च, चीरी हुई

स्वादानुसार नमक

२ बड़े चम्मच नींबू का रस

२-३ नींबू के स्लाइस

६-८ धनिया की ताजा पत्तियों के डंठल

१ मध्यम आकार का गाजर, कद्दूकस किया हुआ

१/४ मध्यम आकार की पत्ता गोभी, बारीक कटी हुई

१. मछली के हर टुकड़े के दो टुकड़े कर लें।

२. क्ले (मिट्टी) पॉट में मछली रखें। अदरक, लहसुन, हरी मिर्च, नमक और नींबू का रस मिला लें।

३. नींबू के स्लाइस और आधा कप पानी मिला लें। ढककर उबाल लें। आंच धीमी कर चार मिनट पकाएं।

४. धनिया की पत्तियां डंठलों के समेत काटें। कटी हुई धनिया पत्ती, गाजर और पत्ता गोभी मछली में डाल दें। फिर से ढंके और एक मिनट पकाएं।

५. गर्मागर्म परोसें।

मॉंसाहारी | तैयारी १० मिनट | बनाने में १० मिनट | परोसें ४ व्यक्तियों को

सामग्री

४ (४०० ग्राम) पॉम्फ्रेट, कांटे निकाले हुए

स्वादानुसार नमक

४ बड़े चम्मच नींबू का रस

१ कप धनिया की ताज़ी पत्तियां

४ हरी मिर्च

$^{1}/_{2}$ कप छीला नारियल

३ छोटे चम्मच जीरा

६-८ लहसुन की कलियां

३-४ केले के पत्ते

फिश इन् *बनाना लीव्स्*

१. मछली के टुकड़ों को धो लें और उन्हे दो इंच लंबा और डेढ़ इंच चौड़ा टुकड़ों में काट लें।

२. ऊपर से नमक और नींबू का रस छिड़कें और आधे घंटे के लिए छोड़ दें।

३. धनिया की पत्तियां, हरी मिर्च, नारियल, जीरा और लहसुन का बारीक पेस्ट बना लें। नमक और बाकी नींबू का रस डालकर मिला लें।

४. इस मैरीनेड को मछली के टुकड़ों पर लगाएं और कम से कम पंद्रह मिनट के लिए मैरीनेट करें।

५. केले के पत्तों के चार बराबर टुकड़े कर लें।

६. हर केले के पत्ते पर मछली का मैरीनेट किया हुआ एक-एक टुकड़ा डालें। ऊपर से मैरीनेट भी छिड़क दें और पत्तों को कसकर लपेट दें।

७. एक स्टीमर में मछली को पंद्रह मिनट तक स्टीम करें और गर्मागर्म परोसें।

मॉंसाहारी | तैयारी ३० मिनट | बनाने में १५ मिनट | परोसें ४ व्यक्तियों को

फिश इन् बनाना लीव्स्

ग्रिल्ड् फिश
विद् सालसा

सामग्री

८ सुरमई, मोटी स्लाइस में कटे हुए

स्वादानुसार नमक

३ बड़े चम्मच नींबू का रस

२ बड़े चम्मच माल्ट सिरका

२ बड़े चम्मच इंग्लिश मस्टर्ड सॉस

१ बड़ा चम्मच अदरक-लहसुन पेस्ट

१ बड़ा चम्मच रेड् चिली सॉस

१६ लौंग

साल्सा के लिए

$^{1}/_{2}$ कप मकई के दाने

१०-१२ बेसिल की ताजी पत्तियां

१ बड़ा प्याज, भूना और कटा हुआ

४-५ लहसुन की कलियां, भूनी और बारीक कटी हुई

२ मध्यम आकार के टमाटर

२ डब्बाबंद अनन्नास स्लाइस, टुकड़े किए हुए

१ हेलोपेनो पेप्पर, बारीक कटी हुई

स्वादानुसार नमक

१ बड़ा चम्मच नींबू का रस

२ बड़े चम्मच धनिया की ताज़ी पत्तियां, बारीक कटी हुई

१. मछली के टुकड़ों को नमक, नींबू का रस, माल्ट, सिरका, इंग्लिश मस्टर्ड पेस्ट, अदरक-लहसुन पेस्ट और रेड् चिली सॉस में आधे घंटे के लिए मैरीनेट करें।

२. ग्रिल को पहले से गर्म कर लें।

३. मैरीनेट की मछली में लौंग खोंस दें। उन्हें हॉट ग्रिल में डालकर आठ से दस मिनट तक पकाएं। बीच में पलटते रहें। खयाल रखें कि मछली ज्यादा न पक जाए। लौंग निकाल दें।

४. सालसा बनाने के लिए एक कप पानी में मकई के दाने दो-तीन मिनट तक उबालें। उन्हें पानी से निकाल लें। आप माइक्रोवेव में भी हाई (१००%) पर एक मिनट तक पका सकते हैं।

५. बेसिल की पत्तियों में से कुछ सजाने के लिए रख लें। बाकी पत्तियों को टुकड़े कर लें। मकई के दाने, प्याज, लहसुन, टमाटर, अनन्नास, हेलोपेनो पेप्पर, नमक, बेसिल की पत्तियां, नींबू का रस और धनिया पत्तियां अच्छी तरह मिला लें।

६. परोसने के समय प्लेट में साल्सा बिछा लें। ग्रिल्ड फिश उसके ऊपर रखें और बचाकर रखी बेसिल की पत्तियों से सजाकर परोसें।

शेफ की राय : *हेलोपेनो पेप्पर कैप्सिकम के परिवार का होता है। मेक्सिकन् व्यंजनों में इसका भरपूर उपयोग होता है। यह बहुत तीखा होता है।*

माँसाहारी

तैयारी १५ मिनट

बनाने में १५ मिनट

परोसें ४ व्यक्तियों को

चिकन एंड राइस् बेक्

सामग्री

- २ कप चिकन कीमा
- १ कप बासमती चावल
- १ छोटा चम्मच सूखा थाइम
- ४-६ काली मिर्च
- स्वादानुसार नमक
- २ तेज पत्ते
- २ मध्यम आकार के प्याज, आधे किए हुए
- ४ मध्यम आकार के टमाटर, आधे किए हुए
- १०-१२ लहसुन की कलियां, कटी हुई
- २० काली मिर्च, कूटी हुई
- ३-४ बेसिल की ताज़ी पत्तियां
- १½ टोमाटो कॉनकेस (पृष्ठ ७८)
- ३ बड़े चम्मच ब्राउन् ब्रेड का चूरा
- १ छोटा चम्मच पार्सले, कटा हुआ

१. तीन कप पानी में आधे घंटे के लिए चावल भिगोएं। छानकर रख लें।

२. एक पैन में तीन कप पानी उबालें। थाइम, काली मिर्च, नमक और तेज़ पत्ता डालें। भिगोया चावल डालें और उसे तीन चौथाई पका लें। पानी निकाल कर चावल अलग रख दें।

३. प्याज, टमाटर और लहसुन एक बेकिंग ट्रे में रखें और उन्हें अवन में पका लें। ठंडा कर काट लें।

४. नॉन स्टिक पैन गर्म करें। चिकन कीमा डालें और चलाते हुए उसका पानी खत्म कर दें।

५. भूने प्याज, टमाटर और लहसुन के साथ नमक और कूटी हुई काली मिर्च डालकर अच्छी तरह मिला लें। ढक्कन लगाकर कुछ मिनट पकाएं।

६. कीमा पक जाने पर बेसिल की पत्तियां अच्छी तरह मिला लें।

७. २००° सेंटीग्रेड/४००° फारेनहाइट/गैस मार्क ६ पर अवन पहले से गर्म कर लें।

८. कैसरोल या बेकिंग ट्रे में आधा टोमाटो कॉनकेस, आधा चावल और आधा चिकन बिछा दें। फिर से ऐसे ही तह लगाएं। ऊपर ब्राउन् ब्रेड का चूरा छिडकें और पंद्रह मिनट पकाएं।

९. ब्राउन् ब्रेड का चूरा सुनहरा हो जाए तो अवन से बाहर निकाल लें।

१०. पार्सले से सजाएं और तुरंत परोसें।

मॉँसाहारी | तैयारी ३० मिनट | बनाने में ४५ मिनट | परोसें ४ व्यक्तियों को

बरगल-क्रस्टेड चिकन

सामग्री

४ (प्रत्येक १०० ग्राम) बोनलेस चिकन ब्रेस्ट, स्किन के साथ

१ १/२ कप बरगल

२ अंडे की सफेदी

१/४ बड़े चम्मच आटा

स्वादानुसार नमक

३-४ काली मिर्च, कूटी हुई

मैरीनेड के लिए

८ मध्यम आकार के प्याज, बारीक कटे हुए

१० लहसुन की कलियां, कटी हुई

१ सेलरी डंठल, कटी हुई

१/२ छोटा चम्मच लाल मिर्च पाउडर

२ बड़े चम्मच सोया सॉस

१ बड़ा चम्मच, सिरका

स्वादानुसार नमक

३-४ काली मिर्च, कूटी हुई

सॉस के लिए

४ मध्यम आकार के टमाटर, छिलका निकालकर प्यूरी किए हुए

८ लहसुन की कलियां, कटी हुई

२ मध्यम आकार के प्याज, कटे हुए

स्वादानुसार नमक

३-४ काली मिर्च, कूटी हुई

१/२ छोटा चम्मच सूखा ओरेगैनो

१. पांच कप पानी उबालें। आंच से उतार लें। इसमें बरगल डालें। आधे मिनट के बाद निकाल कर मलमल के कपड़े में बांधकर लटका दें ताकि सारा पानी निकल जाए। पूरी तरह से सूख जाने पर प्लेट में फैला लें।

२. मैरीनेड के लिए प्याज, लहसुन, सेलरी, लाल मिर्च पाउडर, सोया सॉस, सिरका, नमक और कूटी हुई काली मिर्च मिला लें। चिकन ब्रेस्ट इस मैरीनेड में डालें और एक घंटे तक मैरीनेट होने दें। अच्छा रहेगा अगर रेफ्रीजरेटर में मैरीनेट करें।

३. २००° सेंटीग्रेड/४००° फारेनहाइट/गैस मार्क ६ पर अवन से गर्म करें।

४. अंडे की सफेदी फेंटे। उसमें आटा, नमक और कूटी काली मिर्च मिलाकर घोल तैयार कर लें।

५. चिकन ब्रेस्ट को इस घोल में डुबोएं और उस पर बरगल लपेट दें। हल्के से दबाएं।

६. नॉन स्टिक पैन गर्म करें। चिकन ब्रेस्ट डालें और ऊंची आंच पर आधे मिनट पकाएं ताकि गीलापन खत्म हो जाए। इसे बेकिंग ट्रे में डालें और दस मिनट तक बेक करें।

७. सॉस बनाने के लिए पर्याप्त उबले पानी में टमाटर दो मिनट के लिए डालें। उसे निकाल कर छिलका उतारें और प्यूरी बना लें।

८. दूसरा नॉन स्टिक पैन गर्म करें। लहसुन और प्याज डालें और प्याज के सुनहरा होने तक भूनें। टमाटर की प्यूरी और टोमैटो केचप डालें और मिश्रण में उबाल लाएं।

९. सवा कप पानी डालें और आठ से दस मिनट तक उबालें। सॉस गाढ़ा हो जाए तो नमक, कूटी काली मिर्च और ओरेगैनो डालकर मिला लें।

१०. चिकन ब्रेस्ट को प्लेट में सजाएं। ऊपर से सॉस डालें और परोसें।

माँसाहारी

तैयारी २० मिनट

बनाने में ३० मिनट

परोसें ४ व्यक्तियों को

सामग्री

४५० ग्राम बोनलेस चिकन, १ इंच के चौकोर टुकड़ों में कटा हुआ

२ छोटे चम्मच जीरा

२ छोटे चम्मच धनिया

५-६ काली मिर्च

२-३ लौंग

४ बड़े चम्मच धनिया की ताज़ी पत्तियां

२ बड़े चम्मच पुदीना की ताज़ी पत्तियां

$^{१}/_{२}$ इंच अदरक

८-१० लहसुन की कलियां

२-३ हरी मिर्च

१ कप स्किम्ड दूध का दही, पानी निकाला हुआ

स्वादानुसार नमक

१ छोटा चम्मच गरम मसाला पाउडर (पृष्ठ १२०)

१ नींबू, चार टुकड़े किए हुए

चटनी चिकन

१. जीरा, धनिया, काली मिर्च और लौंग सूखा भून लें। ठंडा कर धनिया की पत्तियां, पुदीना की पत्तियां, अदरक, लहसुन और हरी मिर्च के साथ पेस्ट बना लें।

२. एक बर्तन में दही, नमक और गरम मसाला मिलाएं। इसमें मसाले का पेस्ट मिलाकर चिकन एक घंटे तक मैरीनेट करें। रेफ्रीजरेटर में रखें तो अच्छा रहेगा।

३. नॉन स्टिक पैन गर्म करें। मैरीनेट किया चिकन डालें। ढककर पकाए। बीच-बीच में चलाते रहें। चिकन गलने और शोरबा गाढ़ा होने तक पकाएं।

४. नींबू की टुकड़ों के साथ गर्मागर्म परोसें।

माँसाहारी | तैयारी ६० मिनट | बनाने में २० मिनट | परोसें ४ व्यक्तियों को

सामग्री

४ (प्रत्येक २०० ग्राम) बोनलेस चिकन ब्रेस्ट

१ इंच अदरक, कटा हुआ

नमक स्वादानुसार

२ बड़े चम्मच राई का पेस्ट

२ बड़े चम्मच संतरे का रस

३-४ काली मिर्च के टुकडे

१ छोटा चम्मच लाल मिर्च फ्लेक

४ बड़े चम्मच शहद

२ बड़े चम्मच नींबू का रस

८-१० छोटे प्याज छीले हुए

२ मध्यम आकार की गाजर, बड़े टुकड़ों में कटे हुए

चिकन में चमक के लिए

१ कप संतरा रस

१/२ छोटा चम्मच लाल मिर्च फ्लेक

२ बड़े चम्मच शहद

२ छोटे चम्मच राई पेस्ट

हनी एंड
ऑरिन्ज् ग्लेज़्ड चिकन

१. एक बाऊल में अदरक, नमक, राई का पेस्ट, संतरा रस, काली मिर्च के टुकडे, लाल मिर्च का फ्लेक, शहद और नींबू का रस अच्छी तरह मिला लें । करीब एक घंटे तक चिकन को इस मिश्रण में डुबो कर रखें ।

२. अवन को २००° सेंटीग्रेड/४००° फरेनहाइट/गॅस मार्क ६ पर पहले से गरम कर लें ।

३. नॉनस्टिक पॅन को गरम कर छोटे प्याज और गाजर के टुकड़ों को दो मिनट तक सुखे भूनलें ।

४. इन सब्जियों को बेकिंग ट्रे पर फैलाकर उस पर चिकन रखें, और बचा हुआ घोल उस पर डाल दें । अवन में आधे पकने तक रखें ।

५. उस बीच, चमक के लिये, संतरा रस, लाल मिर्च का फ्लेक, शहद और राई का पेस्ट नॉनस्टिक पैन पर आधा सूखने तक भूने ।

६. आधे पके चिकन पर यह मिश्रण डालकर उसे अवन में पूरा पका लें ।

७. गर्मागर्म परोसें ।

माँसाहारी | तैयारी ६० मिनट | बनाने में ३० मिनट | परोसें ४ व्यक्तियों को

हनी एंड
ऑरिन्ज् ग्लेज़्ड चिकन

सामग्री

१ (४०० ग्राम) पूरा चिकन, हड्डी के साथ, ८ टुकड़े किए हुए

१/४ मेथी का छोटा गुच्छा, कटे हुए

१ कप स्किम्ड् दूध का दही, फेटा हुआ

नमक स्वादानुसार

४ अदरक, १ इंच के टुकड़े किए हुए

५ हरी इलायची

१ काली इलायची

५ लौंग

१ इंच दालचीनी

१ तेज पत्ता

१-२ जावित्री

२ बड़े प्याज, कटे हुए

२० लहसून की कलियां, कटे हुए

३ हरी मिर्च, कटे हुए

१/२ छोटा चम्मच हल्दी पाउडर

१ छोटा चम्मच धनिया पाउडर

१ छोटा चम्मच लाल मिर्च पाउडर

२ मध्यम आकार के टमाटर, कटे हुए

१ बड़ा चम्मच कसूरी मेथी

१/४ कप ताजे कटे धनिया पत्ते

मेथी मुर्ग

१. एक बड़े बर्तन में दही और नमक मिला लीजिए। आधे घंटे तक चिकन को उसमें मेरीनेट करें। आधा अदरक काटकर उसके पतले लंबे टुकडे कर लें।

२. नॉन स्टिक पैन को गरम कर उसमें हरी इलायची, काली इलायची, लौंग, दालचीनी और तेज पत्ता मध्यम आँच पर सूखा भून लें।

३. प्याज डालकर सुनहरा भुरा होने तक भूनें। अदरक, लहसून के टुकड़े, हरी मिर्च डालकर दो मिनट तक पकाएं।

४. हल्दी पाउडर, धनियां पाउडर, लाल मिर्च के पाउडर और एक चौथाई कप पानी डालें, मिला लें और आधे मिनट तक पकाएं।

५. टमाटर डालकर नर्म होने तक पकाएं।

६. चिकन और मेथी डालकर अच्छी तरह मिला लें। ढककर चिकन में मसाले का स्वाद जाने तक पकाएं।

७. कसूरी मेथी, बचे हुए लंबे अदरक के टुकड़े, धनिया पत्ती डालें। गैस बंद कर पांच मिनट तक ढककर रखें, और फिर परोसें।

माँसाहारी | तैयारी ३० मिनट | बनाने में २० मिनट | परोसें ४ व्यक्तियों को

सामग्री

४०० ग्राम बोनलेस चिकन, १ इंच के टुकड़ों में कटे हुए

३ बड़े चम्मच मकई का आटा

४ बड़े चम्मच टमाटर सॉस

२ बड़े चम्मच शक्कर

१/२ कप अनन्नास का रस

१/४ छोटा चम्मच एमएसजी (वैकल्पिक)

१/२ छोटा चम्मच सफेद मिर्च पाउडर

नमक स्वादानुसार

३ कप चिकन स्टॉक (पृष्ठ १२०)

१ इंच अदरक, बारीक काटा हुआ

४-६ लहसून कलियां, बारीक काटा हुआ

१ मध्यम आकार का प्याज, चार हिस्सों में काटकर परतों को अलग किया हुआ

१ मध्यम आकार का हरा शिमला मिर्च

१/२ मध्यम आकार का लाल शिमला मिर्च

१/२ मध्यम आकार का पीला शिमला मिर्च

१ अनन्नास का टुकड़ा

२ बड़े चम्मच विनेगर

स्वीट एंड सॉर चिकन

१. चिकन पर नमक फैलाकर पंद्रह मिनट तक रखें।

२. एक कप चिकन स्टॉक में मकई का आटा मिला लें।

३. टोमाटो सॉस, शक्कर, अनन्नास का रस, एमएसजी, सफेद मिर्च पाउडर और नमक और एक कप चिकन स्टॉक अच्छी तरह से मिला लें।

४. हरा, पीला और लाल शिमला मिर्च और अनन्नास के एक इंच के टुकड़े कर लीजिए।

५. नॉनस्टिक पैन गरम करें, उसमें अदरक और लहसून को एक मिनट तक भून लें।

६. प्याज डालकर एक मिनट और भूनियें।

७. सॉस डालकर हिलाइये और मसाला मिक्स में लाल, हरा और पीला शिमला मिर्च, बचा चिकन स्टॉक और चिकन उसमें मिलायें। चार से पांच मिनट तक पकाएं। मकई के आटे का मिश्रण मिलाइये। चलाते रहें। सॉस गाढ़ा होने तक पकाएं।

८. अनन्नास और विनेगर उसमें डालिये। गॅस बंद करें। गर्मागर्म परोसें।

मॉसाहारी | तैयारी २० मिनट | बनाने में १० मिनट | परोसें ४ व्यक्तियों को

सामग्री

८०० ग्राम चिकन, १ १/२ इंच के टुकड़े किये हुए

७-८ लहसून की कलियां, टुकड़े किए हुए

२ मध्यम आकार के प्याज, कटे हुए

२ मध्यम आकार की गाजर, १ इंच टुकड़ों में कटे हुए

२ मध्यम आकार के आलू, १ इंच के टुकड़े में कटे हुए

२ बड़े चम्मच आटा

नमक स्वादानुसार

५ कप चिकन स्टॉक (पृष्ठ १२०)

१/४ छोटा चम्मच काली मिर्च पाउडर

६-८ फ्रेंच बीन्स, १ इंच के टुकड़े में कटे हुए

१/२ कप स्किम्ड् दूध

चिकन स्ट्यू

१. नॉनस्टिक पैन गरम कर उसमे लहसून, प्याज, गाजर और आलू डालकर पांच मिनट तक बड़े आंच पर भूनें।

२. आटा डालकर एक मिनट तर भूनिये। चिकन और नमक डालकर तीन से चार मिनट तक पकायें। चिकन स्टॉक डालकर एक बार उबाल लें। आधी काली मिर्च पाउडर डालिये। ढककर तीन से चार मिनट तक पकायें।

३. बाद में उसमें फ्रेंच बीन्स डालकर अच्छी तरह मिलालें और एक मिनट तक पकायें। दूध और बचा हुआ काली मिर्च पाउडर डालकर मिला लें। ढकिये और हल्के आँच पर सात से आठ मिनट तक पकायें।

४. गरम चिकन स्ट्यू परोसने को तैयार है।

माँसाहारी | तैयारी १० मिनट | बनाने में २० मिनट | परोसें ४ व्यक्तियों को

चिकन स्ट्यू

स्पाइसी सालसा चिकन

सामग्री

२ (२०० ग्राम प्रत्येक) बोनलेस चिकन ब्रेस्ट, १ इंच के टुकड़ों में कटा हुआ

सालसा के लिये

५ मध्यम आकार के टोमाटो के कॉनकास (पृष्ठ ७८)

१ मध्यम आकार का प्याज, कटा हुआ

४ लहसून की कलियां, कटी हुई

२-३ हेलोपेनो मिर्च, कटे हुए

१/२ छोटा चम्मच ओरैगेनो

नमक स्वादानुसार

७-८ काली मिर्च, कूटी हुई

१ बड़ा चम्मच नींबू का रस

१ छोटा चम्मच पार्सले, कटा हुआ

६ जैतून, बीज निकाल कर टुकड़े किये हुए

२ बड़े चम्मच धनियां पत्तियां, कटी हुई

१ नींबू, चार टुकड़े किये हुए

१. टोमाटो कॉनकास, प्याज, लहसून, हेलोपेनो, ओरैगेनो, नमक, काली मिर्च, नींबू का रस, पार्सले और जैतून को मिला लें।

२. पंद्रह मिनट तक चिकन क्यूब्स को इस मसाले में मेरिनेट करें।

३. नॉन स्टिक डीप फ्राईंग पैन गरम कर उसमें मसालायुक्त चिकन पूरी तरह से पकने तक पकायें, बीच-बीच में हिलाते रहें।

४. धनिया की पत्तियां से और नींबू के टुकड़े से सजाकर गर्मागर्म परोसें।

मांसाहारी | तैयारी १५ मिनट | बनाने में १५ मिनट | परोसें ४ व्यक्तियों को

लेमन चिकन

सामग्री

४ (२०० ग्राम प्रत्येक) बोनलेस चिकन ब्रेस्ट, १ इंच के टुकड़े किये हुए

३ बड़े चम्मच नींबू का रस

नमक स्वादानुसार

२ बड़े चम्मच कॉर्न फ्लॉर (मकई का आटा)

१ छोटी हरी शिमला मिर्च

१/२ छोटी लाल शिमला मिर्च

१/२ छोटी पीली शिमला मिर्च

२ १/२ कप चिकन स्टॉक (पृष्ठ १२०)

१/४ छोटा चम्मच सफेद मिर्च पाउडर

१/४ छोटा चम्मच एमएसजी (वैकल्पिक)

३ बड़े चम्मच शक्कर

१ चकरी फूल

१ छोटा चम्मच कद्दूकस किया हुआ नींबू का छिलका

१. चिकन को नींबू का रस और नमक लगाकर आधे घंटे तक रखें। कॉर्न फ्लॉर और आधा कप चिकन स्टॉक मिलाईये।

२. हरी, लाल और पीली शिमला मिर्च के एक इंच के टुकड़े करियें।

३. नॉन स्टिक पैन गरम करें। उसमे लाल, हरा और पीला शिमला मिर्च, चिकन और बचा हुआ चिकन स्टॉक डाल दीजिए और एक उबाल आने दें।

४. उसमें सफेद मिर्च पाउडर, एमएसजी, शक्कर, चकरी फूल और कद्दूकस किया हुआ नींबू के छिलके डालकर पकायें। कॉर्न फ्लॉर का मिश्रण मिलाकर एक मिनट या सॉस गाढ़ा होने तक पकाएं। नींबू का रस डालकर गरमागरम परोसे।

मांसाहारी | तैयारी ३० मिनट | बनाने में १५ मिनट | परोसें ४ व्यक्तियों को

सामग्री

२ कप (४०० ग्राम) कीमा

५-६ लहसून की कलियां, कटी हुई

२ मध्यम आकार के प्याज, कटे हुए

१ गाजर मध्यम आकार की, कटी हुई

१ सेलेरी डंठल, कटा हुआ

१/२ कप चिकन स्टॉक (पृष्ठ १२०)

१ १/२ छोटा चम्मच वुस्टर सॉस

नमक स्वादानुसार

७-८ काली मिर्च, दरदरी कूटी हुई

१/२ कप टोमाटो प्युरी

२-३ ताजे पार्सले के डंठल

१/४ छोटा चम्मच काली मिर्च पाउडर

चुटकीभर जायफल पाउडर

१ बड़ा चम्मच स्किम्ड् मिल्क

४-५ मध्यम आकार के आलू, उबालकर मसले हुए

बेक्ड् मिंस

१. नॉन स्टिक फ्राईंग पैन पर कीमा, अदरक, प्याज धीमे आंच पर दो से तीन मिनट तक भूनियें। उसमें गाजर और सेलेरी डालिये। उसे हिलाकर उसमें चिकन स्टॉक डालियें। ढककर, धीमी आँच पर पूरी तरह पकायें।

२. वुस्टर सॉस डालकर हिलाइये, नमक, दरदरी काली मिर्च और टमाटर प्युरी डालकर और एक मिनट तक पकाइये।

३. अवन को पहले २००° सेंटीग्रेड/४००° फरेनहाइट/गॅस मार्क ६ पर गरम कर लें। पार्सले के टुकड़े काट लें और एक पार्सले सजाने के लिये रखें।

४. नमक, काली मिर्च पाउडर, पार्सले के टुकड़े, जायफल पाउडर और दूध को आलू में अच्छी तरह से मिलालें। मसले हुए आलू को एक स्टार डिजाईनवाले कोन में भरें।

५. कीमा को कांच के बेकिंग प्लेट पर डालिये। मसले हुए आलू को भूने हुए कीमे पर सजायें।

६. अवन में दस से बारह मिनट तक या आलू का रंग सुनहरा होने तक पकाइये।

७. बचे हुए पार्सले सजाकर गरम ही परोसें।

मांसाहारी | तैयारी १५ मिनट | बनाने में ३० मिनट | परोसें ४ व्यक्तियों को

सामग्री

३ मध्यम आकार (३०० ग्राम प्रत्येक) पालक के गुच्छे

६०० ग्राम बोनलेस मटन या लैंब, १ १/२ इंच टुकडों मे कटा हुआ

३/४ कप स्किम्ड् दूध का दही

१ बड़ा चम्मच अदरक-लहसून पेस्ट

१/२ छोटा चम्मच हल्दी पाउडर

२ छोटा चम्मच लाल मिर्च पाउडर

१/२ छोटा चम्मच धनिया पाउडर

१ छोटा चम्मच गरम मसाला पाउडर

नमक स्वादानुसार

३-४ हरी मिर्च

२ तेज पत्ता

३ हरी इलायची

१ काली इलायची

६ लौंग

१ इंच दालचीनी

६-८ काली मिर्च

१ छोटा चम्मच जीरा

६-८ लहसून की कलियां, कटे हुए

३ मध्यम आकार का प्याज के स्लाइस

१ इंच अदरक के लंबे टुकड़े

१/२ छोटा चम्मच सुवा, कटी हुई

१ छोटा चम्मच कसूरी मेथी, भूनकर कूटी हुई

साग गोश्त

१. दही के साथ अदरक, लहसून का पेस्ट, हल्दी पाउडर, एक बड़ा चम्मच लाल मिर्च पाउडर, धनिया पाउडर, गरम मसाला पाउडर और नमक एक साथ मिला लीजिए।

२. नमक मिला हुआ गरम पानी में पालक साग को एक मिनट तक रखें। निकालकर ठंडे पानी से धोयें। पालक में हरी मिर्च मिलाकर दरदरा पीस लें, एक ओर रखें।

३. मोटे तले वाले बर्तन को गरम करें। उसमे तेज पत्ता, हरी और बड़ी इलायची, लौंग, दालचीनी, काली मिर्च, जीरा को सुगंधित खुशबू निकलने तक भूनें। लहसून डालकर हल्का भूरा होने तक पकायें। प्याज डालकर अर्ध पारदर्शी होने तक पकायें।

४. अदरक के टुकड़े डालकर बचा हुआ मिर्च पाउडर और लैंब के टुकड़े मिला लीजिए। तेज आंच पर पकाइयें। दो मिनट लगातार चलायें। बचा हुआ दही और एक कप पानी डालकर उबालें। इसे प्रेशर कुकर में डालकर आठ सीटी होने तक पकायें।

५. प्रेशर खत्म होने तक रुकें। ढक्कन खोलें, पालक का पेस्ट, सुवा और जरुरत हो तो नमक मिलायें। लँब नरम और पालक से अच्छी तरह मिलने तक पकायें।

६. कसूरी मेथी उपर से डालकर बचे हुए अदरक से सजाकर गर्मागर्म परोसें।

माँसाहारी

तैयारी ३० मिनट

बनाने में ३० मिनट

परोसें ४ व्यक्तियों को

सामग्री

२५० ग्राम पेन्ने

६ मध्यम आकार के टमाटर

६ लहसुन की कलियां, कूटी हुई

२ मध्यम आकार के प्याज, स्लाइस किए

१ छोटा चम्मच कूटी हुई लाल मिर्च

१ बड़ा चम्मच ओरेगेनो

स्वादानुसार नमक

५-६ बेसिल की पत्तियां

पेन्ने
अराबियाटा

१. टमाटर को गर्म पानी में डालकर निकाल लें। उसका छिलका उतार लें। बीज निकाल कर काट लें।

२. नमकीन उबलते पानी में पेन्ने पका लें। छानकर उसे ठंडे पानी से धोकर अलग रख लें।

३. नॉन स्टिक पैन गर्म करें। लहसुन डालें और भूरा होने तक भूनें।

४. प्याज डालें और सुनहरा होने तक भूने। कूटी हुई लाल मिर्च, ओरेगेनो और टमाटर मिला लें।

५. धीमी आंच पर पांच मिनट तक पकाएं। नमक डालें और अच्छी तरह मिला लें।

६. पेन्ने डालें और बेसिल की पत्तियां डालें। हल्के से उलट-पुलटकर गर्मागर्म परोसें।

शाकाहारी | तैयारी १५ मिनट | बनाने में १० मिनट | परोसें ४ व्यक्तियों को

सामग्री

- १$^{१}/_{२}$ कप ब्राउन राइस
- २ मध्यम आकार की गाजर, $^{१}/_{२}$ इंच के चौकोर टुकड़ों में कटी हुई
- १०-२० फ्रेंच बींस, $^{१}/_{२}$ इंच के टुकड़ों में कटे हुए
- $^{१}/_{२}$ फूल गोभी, छोटे टुकड़ों में कटी हुई
- ६-७ ताज़ा बटन मशरूम (वैकल्पिक) दो टुकड़ों में किए हुए
- $^{१}/_{२}$ कप हरे मटर, छीले हुए
- १ तेज पत्ता
- २-३ लौंग
- १ छोटा चम्मच, जीरा
- १ इंच दालचीनी
- २ हरी मिर्च, चीरी हुई
- स्वादानुसार नमक
- २ बड़े चम्मच धनिया की ताज़ी पत्तियां, बारीक कटी हुई

ब्राउन् राइस

वेजिटेबल पुलाव

१. चार से पांच कप पानी में दो घंटों के लिए ब्राउन् राइस भिगो लें। पानी से छानकर अलग रख लें।

२. गहरा नॉन स्टिक पैन गर्म करे। तेज पत्ता, लौंग, जीरा और दाल चीनी थोड़ी देर के लिए भूनें। चावल मिलाएं और एक-दो मिनट तक भूनें। चार कप पानी डालें और उबालें।

३. गाजर, फ्रेंच बींस, गोभी, मशरूम और हरी मिर्च मिलाएं। चलाते हुए उबालें। नमक मिला लें। आंच धीमी करें। ढककर लगभग गलने तक पकाएं।

४. हरे मटर डालें और हल्के से मिलाएं। ढककर गलने तक पकाएं।

५. धनिया की ताज़ा पत्तियों से सजाकर गर्मागर्म परोसें।

नोट : *ब्राउन् राइस हेल्थ फुड स्टोर में मिलता है।*

शाकाहारी | तैयारी २ घंटे | बनाने में २५ मिनट | परोसें ४ व्यक्तियों को

पेन्ने
अराबियाटा
ब्राउन् राइस
वेजिटेबल पुलाव

चिकन
कोफ्ता पुलाव

सामग्री

२५० ग्राम चिकन कीमा
१ १/२ कप बासमती चावल
४-५ हरी इलायची
१ तेज पत्ती
७-८ लौंग
नमक स्वादानुसार
४ बड़े चम्मच धनिया पत्ती, कटी हुई
१ इंच अदरक, बारीक कटा हुआ
१ १/२ छोटे चम्मच लाल मिर्च पाउडर
२० काली मिर्च, कूटी हुई
१/२ छोटा चम्मच हरी इलायची पाउडर
२ मध्यम आकार के प्याज, बारीक कटे हुए
३ मध्यम आकार के टमाटर, बारीक कटे हुए
१ छोटा चम्मच धनिया पाउडर
१/२ छोटा चम्मच जीरा पाउडर
१/२ छोटा चम्मच गरम मसाला पाउडर

१. चावल को चार से पांच कप पानी में पंद्रह से बीस मिनट तक के लिये भिगोकर रखें। चावल पानी से निकालकर अलग रखें।

२. छः कप पानी को डीप पैन में उबालकर उसमें हरी इलायची, तेज पत्ता, लौंग और नमक डालकर पांच मिनट तक उबालें।

३. बाऊल में चिकन कीमा डालकर उसमें दो बड़े चम्मच धनिया पत्ती, अदरक, आधी लाल मिर्च पाउडर और काली मिर्च पाउडर, और इलायची मिला लें।

४. कोफ्ता को सुगंधित पानी में पकने तक उबाल लें। निकाल कर एक तरफ रखें। इस पानी को ना फेंके।

५. डीप नॉन स्टिक पैन को गर्म करें और प्याज को आधा पारदर्शी होने तक पकायें। उसमें टमाटर और बचा हुआ लाल मिर्च पाउडर, काली मिर्च, धनिया पाउडर और जीरा पाउडर मिलायें। नमक डालकर टमाटर पकने तक भूनें।

६. अलग निकाला हुआ चावल उसमें डालकर दो-तीन मिनट तक पकायें। इसमें तीन कप कोफ्तो को पकाये हुए पानी और एक कप पानी डालकर उबालें। अच्छी तरह से ढककर दस मिनट तक मध्यम आंच में पकायें।

७. बर्तन से ढक्कन को हटाकर उसमे चिकन कोफ्ता डालकर मिलायें। ढककर दो-तीन मिनट तक पकायें।

८. गरम मसाला उपर से छिड़ककर धनिया पत्ती से सजाकर अपनी पसंद के रायता के साथ गरम ही परोसें।

माँसाहारी | तैयारी २० मिनट | बनाने में ३० मिनट | परोसें ४ व्यक्तियों को

सामग्री

२५० ग्राम स्पैगेटी

१ मध्यम आकार की गाजर, १ इंच के टुकड़े किए हुए

१ छोटा ब्रोक्कोली (हरा फुल गोभी)

छोटे टुकड़े किए हुए

८-१० गोल मशरूम (बटन) बीच से दो टुकड़े किए हुए

१ मध्यम आकार की हरी शिमला मिर्च, १ इंच के टुकड़े किए हुए

३ बड़े चम्मच आटा

१ १/२ कप स्किम्ड् दूध

१/२ छोटा चम्मच मिक्स्ड् हर्ब, भुना हुआ

नमक स्वादानुसार

१/४ छोटा चम्मच सफेद मिर्च पाउडर

१ बड़ा चम्मच ताजे पार्सले, कटे हुए

स्पैगेटी विद् मिक्स्ड् वेजिटेबल्स
एंड हर्ब सॉस

१. स्पैगेटी को पाँच कप पानी में पकने तक उबाल लें। पानी से निकाल कर ठंडा करने रखें।

२. दो से तीन मिनट तक गाजर और ब्रोक्कोली को एक कप पानी में अलग - अलग उबाल लें। पानी से निकालकर ठंडा होने दें।

३. हर्ब सॉस के लिये आटे को एक नॉन स्टिक पैन पर हल्का सा भून लें। दूध डालकर उसे तेजी से फेंट लें ताकि दानें तैयार ना हों। आवश्यकता पड़ने पर छान लें। नमक, सफेद मिर्च पाउडर और हर्ब्स् अच्छी तरह से मिलाकर एक ओर रख दें।

४. नॉन स्टिक बर्तन में गाजर, ब्रोकोली, मशरूम, शिमला मिर्च और स्पैगेटी को अच्छी तरह से उपर नीचे कर लें और धीमें आंच में दो मिनट तक पकायें।

५. हर्ब सॉस डालकर अच्छी तरह मिला लें।

६. पार्सले के टुकड़ों सें सजाकर परोसें।

शाकाहारी | तैयारी १५ मिनट | बनाने में १० मिनट | परोसें ४ व्यक्तियों को

छोले बिरयानी

छोले
बिरयानी

सामग्री

१ १/२ कप बासमती चावल
१ कप काबुली चना
२ बड़े चम्मच चाय की पत्तियां
स्वादानुसार नमक
५-६ हरी इलायची
२-३ तेज पत्ते
२-३ लौंग
१ १/२ कप स्किम्ड् दूध का दही
१ छोटा चम्मच अदरक पेस्ट
१ इंच अदरक, पतले कटे हुए
१/२ कप पुदीने की ताज़ी पत्तियां
१ छोटा चम्मच हरी मिर्च का पेस्ट
१ छोटा चम्मच लाल मिर्च पाउडर
१ छोटा चम्मच हल्दी पाउडर
१ छोटा चम्मच गरम मसाला पाउडर
१ छोटा चम्मच लहसुन पेस्ट
केसर के कुच्छ रेशे
१ बड़ा चम्मच स्किमड् दूध
केवड़ा जल की कुछ बूंदें
१/४ कप धनिया की ताज़ी पत्तियां, बारीक कटी हुई

१. रात भर के लिए या कम से कम छः घंटों के लिए काबुली चना भिगो लें। छान कर चार कप पानी में नमक और मलमल के कपड़े से बंधी चाय पत्ती डालकर नर्म होने तक उबाल लें। मलमल की पोटली निकालकर काबुली चना छान लें।

२. दही, अदरक पेस्ट, अदरक के टुकड़े, आधी पुदीने की पत्तियां, हरी मिर्च पेस्ट, लाल मिर्च पाउडर, हल्दी पाउडर, गरम मसाला पाउडर और लहसुन पेस्ट मिलाकर काबुली चने को मैरीनेट करें।

३. तीन कप पानी में आधे घंटे के लिए चावल भिगोएं। गहरे पैन में चार कप पानी, नमक, हरी इलायची, तेज पत्ता और लौंग डालकर उबालें। फिर चावल डालें और आधा गलने तक पकाएं। पानी निकाल दें।

४. गर्म दूध में केसर घोलें और केवड़ा जल मिला दें।

५. मैरीनेड किया काबुली चना गहरे नॉन स्टिक पैन में डालें।

६. काबुली चना के ऊपर अधपका चावल अच्छी तरह से बिछा दें। उसके ऊपर घुला हुआ केसर और धनिया की पत्तियां छिड़क दें।

७. पैन का ढक्कन कसकर लगाएं और पंद्रह मिनट तक या चावल गलने तक धीमी आंच पर पकाएं।

८. धनिया और पुदीने की बची पत्तियों से सजाकर गर्मागर्म परोसें।

शेफ का सुझाव : *स्वाद बढ़ाने के लिए आप छोले मसाला भी डाल सकते हैं।*

शाकाहारी | तैयारी ९० मिनट | बनाने में ३० मिनट | परोसें ४ व्यक्तियों को

सामग्री

- १ १/२ कप बासमती चावल
- १ मध्यम आकार की गाजर, १/२ इंच के टुकड़ों में कटी हुई
- १० फ्रेंच बींस, १/२ इंच के टुकड़ों में कटे हुए
- १/४ छोटी आकार गोभी, टुकड़े की हुई
- २ मध्यम आकार के टमाटर, कटे हुए
- १ तेज पत्ता
- १/२ छोटा चम्मच जीरा
- २ इंच दालचीनी
- २ बड़ी इलायची
- १ इंच अदरक, कटा हुआ
- ७-८ सांभर प्याज, छील कर और दो टुकड़े किए हुए
- स्वादानुसार नमक
- ७-८ काली मिर्च, कूटी हुई
- १/२ छोटा चम्मच लाल मिर्च पाउडर
- १/२ छोटा चम्मच गरम मसाला पाउडर
- १ बड़ा चम्मच नींबू का रस
- ३ बड़े चम्मच धनिया की ताज़ी पत्तियां, बारीक कटी हुई

मिक्सड् वेजिटेबल्स
एंड टोमाटो पुलाव

१. तीन कप पानी में आधे घंटे के लिए चावल भिगो दें। छानकर अलग रख लें।

२. गहरा नॉन स्टिक पैन गर्म करें और तेज पत्ता, जीरा, दाल चीनी और बड़ी इलायची खुश्बू आने तक भूनें। अदरक, सांभर प्याज, टमाटर और स्वादानुसार नमक मिलाएं। चलाते हुए तीन-चार मिनट तक पकाएं।

३. तीन कप पानी डालें। उबाल आने दें और गाजर, फ्रेंच बींस, गोभी, चावल, कूटी हुई काली मिर्च, लाल मिर्च पाउडर और गरम मसाला पाउडर मिलाकर दो-तीन मिनट तक हल्की तरह लगातार चलाएं।

४. नमक चख लें। ढककर धीमी आंच पर तैयार होने तक पकाएं। नींबू का रस डालें और मिला लें।

५. धनिया की पत्तियों से सजाकर गर्मागर्म परोसें।

शाकाहारी | तैयारी ३० मिनट | बनाने में १५ मिनट | परोसें ४ व्यक्तियों को

सामग्री

२ (३५० ग्राम) पालक के गुच्छे

१ हरी मिर्च

२ कप स्किम्ड् दूध का दही

काला नमक स्वादानुसार

१ छोटा चम्मच भुना जीरा पाउडर

स्वादानुसार नमक

पालक
रायता

१. उबलते पानी में पालक का एक गुच्छा डालकर नर्म करलें। उसे ठंडे पानी से धो लें और अतिरिक्त पानी निकालकर एक हरी मिर्च के साथ प्यूरी बना लें। बाकी पालक को पतला-पतला काट लें।

२. दही फेंट लें। उसमें पालक प्यूरी, काला नमक और भुना जीरा पाउडर मिलाएं। अच्छी तरह मिलाकर रेफ्रीजरेट कर लें।

३. नॉन स्टिक पैन गर्म करें। पतले कटे पालक को तेज आंच पर तीन-चार मिनट तक पकाएं। पकाते समय लगातार चलाते रहें।

४. नमक मिला लें। तेज आंच पर पालक सूखने तक पकाते रहें। आंच से उतारकर ठंडा कर लें।

५. परोसने के पहले दही में पालक मिलाएं। नमक डालकर ठंडा-ठंडा परोसें।

शाकाहारी | तैयारी १० मिनट | बनाने में १० मिनट | परोसें ४ व्यक्तियों को

सामग्री

- $^1/_2$ कप तुअर या अरहर की दाल
- नमक स्वादानुसार
- $^1/_4$ छोटा चम्मच हल्दी
- २-३ हरी मिर्च, बीच से फांक किये हुए
- १ छोटा चम्मच जीरा
- ३-४ साबूत सूखी लाल मिर्च
- चुटकीभर हींग
- २ मध्यम आकार के प्याज, कटे हुए
- $^1/_2$ छोटा चम्मच लाल मिर्च पाउडर
- १ छोटा चम्मच लाल धनिया पाउडर
- २ मध्यम आकार के टमाटर, कटे हुए
- $^1/_2$ छोटा चम्मच गरम मसाला पाउडर
- २ छोटे चम्मच नींबू का रस
- २ बड़े चम्मच कटे धनिया पत्ती

मसालेदार *दाल*

१. दाल को चार कप पानी में आधे घंटे तक भिगोकर रखें। पानी से निकालकर प्रेशर कुकर में दो कप पानी में नमक, हल्दी, मिर्च पाउडर डालकर पका लें।

२. नॉन स्टिक पैन गरम कर उसमें जीरा, लाल मिर्च, हींग और प्याज को दो-तीन मिनट तक भून लें।

३. लाल मिर्च पाउडर, धनिया पाउडर, टमाटर डालकर और पांच मिनट तक हल्के आंच पर पकायें।

४. उबला हुआ दाल डालकर अच्छी तरह मिला लें, उस पर गरम मसाला और जरुरत हो तो नमक डालकर पांच से दस मिनट तक धीमे आंच पर उबालें।

५. नींबू का रस और धनिया पत्ती डालकर अच्छी तरह से मिला लें।

६. चावल के साथ गरम दाल परोसें।

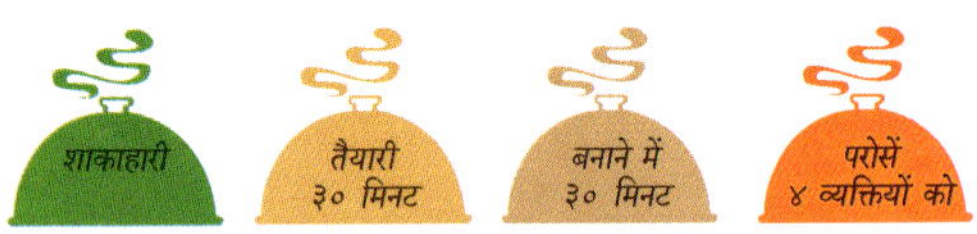

सामग्री

१२ छोटे टमाटर, प्यूरी किए हुए

४ छोटे चम्मच बेसन

१/२ छोटा चम्मच हल्दी पाउडर

१ छोटा चम्मच लाल मिर्च पाउडर

स्वादानुसार नमक

१ छोटा चम्मच शक्कर

१/२ छोटा चम्मच राई दाने

चुटकी भर हींग

१/२ छोटा चम्मच जीरा

५-६ कढी पत्ते

४-५ साबुत लाल मिर्च

२ बड़े चम्मच धनिया की ताज़ी पत्तियां, बारीक कटी हुई

टमाटर *की कढ़ी*

१. टमाटर की प्यूरी, बेसन, हल्दी पाउडर, लाल मिर्च पाउडर, नमक और शक्कर मिलाएं। फेंटकर अच्छी तरह मिला लें। दो कप पानी डालें और चला लें।

२. एक गहरा नॉन स्टिक पैन गर्म करें और राई, हींग, जीरा, कढी पत्ता और साबुत लाल मिर्च खुश्बू आने तक पकाएं।

३. टमाटर का मिश्रण मिलाएं और उबाल आने तक पकाएं। आंच धीमी कर दस मिनट तक उबलने दें।

४. धनिया की पत्तियों से सजाकर गर्मागर्म परोसें।

शाकाहारी | तैयारी १५ मिनट | बनाने में १५ मिनट | परोसें ४ व्यक्तियों को

सामग्री

१ छोटा बीटरूट

२ कप स्किम्ड दूध का दही, फेंटा हुआ

१ छोटा चम्मच भूना जीरा पाउडर

१/२ छोटा चम्मच लाल मिर्च पाउडर

१ बड़ा चम्मच धनिया की ताज़ी पत्तियां, बारीक कटी

स्वादानुसार नमक

बीटरूट *रायता*

१. बीटरूट उबालें, छीलें और कद्दूकस कर लें। रेफ्रीजरेटर में ठंडा कर लें।

२. भूना जीरा पाउडर, लाल मिर्च पाउडर, धनिया की ताज़ा पत्तियां और नमक, दही में अच्छी तरह मिला लें।

३. ठंडा बीटरूट मिलाएं और हल्के से चला लें।

४. ठंडा परोसें।

शाकाहारी | तैयारी ३० मिनट | बनाने में ५ मिनट | परोसें ४ व्यक्तियों को

लौकी चना
दाल

टमाटर
की कढ़ी

बीटरूट
रायता

सामग्री

$^{1}/_{2}$ कप चना दाल

$^{1}/_{2}$ छोटी लौकी, छीली और एक इंच के टुकड़ों में कटी

स्वादानुसार नमक

$^{1}/_{2}$ छोटा चम्मच हल्दी पाउडर

$^{1}/_{2}$ छोटा चम्मच जीरा

२ हरी मिर्च, कटी हुई

चुटकी भर हींग

$^{1}/_{2}$ छोटा चम्मच लाल मिर्च पाउडर

२ छोटे चम्मच धनिया पाउडर

२ मध्यम आकार के टमाटर, कटे हुए

$^{1}/_{2}$ छोटा चम्मच गरम मसाला पाउडर

$^{1}/_{2}$ छोटा चम्मच शक्कर

२ बड़े चम्मच नींबू का रस

२ बड़े चम्मच धनिया की ताज़ी पत्तियां, कटी हुई

लौकी चना

दाल

१. डेढ़ कप पानी में चना दाल एक घंटे के लिए भिगोएं। छान लें।

२. चना दाल और लौकी, नमक और हल्दी पाउडर के साथ तीन कप पानी में उबालें। गोल चम्मच के पिछले हिस्से से लौकी को मसलें और अच्छी तरह मिलाकर अलग रख लें।

३. नॉन स्टिक पैन गर्म करें। जीरा, हरी मिर्च और हींग मिलाकर एक मिनट पकाएं। लाल मिर्च पाउडर, धनिया पाउडर और दो चम्मच पानी डालकर खुश्बू आने तक पकाएं।

४. टमाटर डालें और नरम होने तक पकाएं।

५. पकी हुई चना दाल और लौकी डालें और मिला लें। गरम मसाला पाउडर, शक्कर और जरूरत हो तो नमक मिलाएं। दो मिनट तक पकाएं।

६. नींबू का रस डालकर मिलाएं। धनिया की पत्तियों से सजाकर गर्मागर्म परोसें।

शाकाहारी | तैयारी १ घंटा | बनाने में २५ मिनट | परोसें ४ व्यक्तियों को

सामग्री

१ मध्यम आकार का लाल कैप्सिकम, बीज निकाल कर चार टुकड़ों में किया हुआ

५ मध्यम आकार के टमाटर, बीज निकाल कर चार टुकड़े किए हुए

५-६ लहसुन की कलियां, बारीक कटी हुई

स्वादानुसार नमक

२ छोटे चम्मच शक्कर

२ बड़े चम्मच नींबू का रस

१ डंठल पार्सले

रोस्टेड् कैप्सिकम एंड टोमाटो डिप्

१. अवन को १८०° सेंटीग्रेड/३५०° फारेनहाइट/गैस मार्क ४ पर पहले से गर्म कर लें।

२. बेकिंग ट्रे में हरा कैप्सिकम और टमाटर, लहसुन के साथ सजा लें। ऊपर से नमक छिड़क लें।

३. बीस से पच्चीस मिनट तक पकाएं और फिर ठंडा होने दें।

४. ठंडा होने पर कैप्सिकम और टमाटर के छिलके उतार दें और काट लें।

५. नॉन स्टिक पैन गर्म करें और एक मिनट लहसुन भूनें। कैप्सिकम और टमाटर मिलाएं और दो मिनट तक पकाएं। जरूरत हो तो नमक और शक्कर डालें। अच्छी तरह मिला लें।

६. दो मिनट पकाएं। नींबू का रस डालें और फिर से मिलाएं।

७. पार्सले से सजाकर परोसें।

***नोट :** जल्दी हो तो बेक किए हुए कैप्सिकम, टमाटर और लहसुन का छिलका निकाले बिना ही प्यूरी बना लें और पका लें।*

शाकाहारी | तैयारी १० मिनट | बनाने में ३५ मिनट | परोसें ४ व्यक्तियों को

सामग्री

२ कप आटा + थोड़ा आटा बेलने के लिए

१ गुच्छा (३५० ग्राम) पालक, कटा हुआ

१०० ग्राम स्किम्ड् दूध का छेना

१/२ कप स्किम्ड् दूध का दही, फेंटा हुआ + परोसने के लिए

१ छोटा प्याज, बारीक कटा हुआ

१/२ छोटा चम्मच अजवाइन

२ बड़े चम्मच धनिया की ताज़ी पत्तियां, बारीक कटी हुई

२ हरी मिर्च, कटी हुई

१/२ छोटा चम्मच जीरा पाउडर

१ छोटा चम्मच चाट मसाला

१ छोटा चम्मच गरम मसाला पाउडर

स्वादानुसार नमक

पालक एंड छेना

पराँठा

१. गहरे बर्त्तन में आटा ले लें।

२. बाकी सामग्रियां मिलाकर आटा को नरम गूंद लें। इसे ढककर पंद्रह मिनट के लिए छोड़ दें।

३. गूदे हुए आटे को बारह बराबर हिस्सों में बांट लें और उनकी लोई बना लें।

४. इन्हें मोटे पराँठे की तरह बेलें। तवा गर्म करें और मध्यम आंच पर पराँठे सेंके। पराँठों को भूरा और खस्ता होने तक दोनों तरफ से सेकें।

५. दही के साथ गर्मागर्म परोसें।

शाकाहारी | तैयारी १५ मिनट | बनाने में ३० मिनट | परोसें ४ व्यक्तियों को

सामग्री

२ कप आटा

$^{1}/_{4}$ कप धनिया की ताज़ी पत्तियां, बारीक कटी हुई

$^{1}/_{4}$ कप पुदीना की ताज़ी पत्तियां, बारीक कटी हुई

स्वादानुसार नमक

२ कप छोटे चम्मच चाट मसाला

$^{1}/_{2}$ कप स्किम्ड् दूध का दही

धनिया पुदीना परांँठा

१. एक बर्त्तन में आटा और नमक मिला लें। धनिया की पत्तियां, पुदीने की पत्तियां और पानी मिलाकर गूंध लें। गीले कपड़े से गूंधे आटे को दस-पंद्रह मिनट के लिए ढक दें।

२. गूंधे आटे को आठ बराबर हिस्सों में बांटकर उनकी लोई तैयार कर लें।

३. दही और चाट मसाला मिला लें।

४. प्रत्येक लोई को मध्यम आकार की चपाती के रूप में बेल लें। उस पर दही का मिश्रण एक चम्मच डालें। चपाती को पंखे की तरह मोड़ लें और फिर से लोई बनाकर पांच मिनट के लिए छोड़ दें।

५. प्रत्येक लोई को पांच-सात सेंटीमीटर व्यास के परांठों की तरह बेल लें। गर्म नॉन स्टिक तवा पर दोनों तरफ से सुनहरा भूरा होने तक सेंकें।

६. परोसने के पहले पराठों को अपनी हथेलियों के बीच दबाएं ताकि उसकी परतें खुल जाएं।

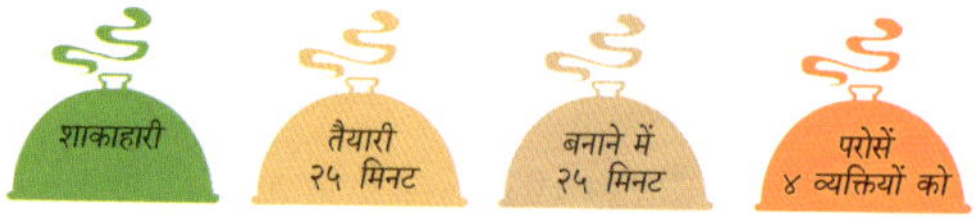

ग्रीन मैंगो एंड
अनियन चटनी

धनिया पुदीना
पराँठा

सामग्री

१५-२० खजूर

१ कप इमली का गूदा

२ छोटे चम्मच जीरा

$^{१}/_{४}$ छोटा चम्मच सौंफ

$^{१}/_{२}$ कप गुड़, कद्दूकस किया हुआ

२ छोटे चम्मच लाल मिर्च पाउडर

१ छोटा चम्मच सोंठ

१ छोटा चम्मच काला नमक

स्वादानुसार नमक

डेट एंड टॅमरिंड चटनी

१. खजूर धोएं, बीज निकालकर काट लें। जीरा और सौंफ को भून लें। ठंडा कर पाउडर बना लें।

२. खजूर, इमली का गूदा, जीरा और सौंफ के पाउडर, गुड़, लाल मिर्च पाउडर, सोंठ, काला नमक, नमक और चार कप पानी मिलाएं।

३. धीमी आंच पर मिश्रण को उबलने तक पकाएं। आंच धीमी कर छः से आठ मिनट पकाएं। चटनी गाढ़ी हो जाएगी।

४. ठंडा कर परोसें या बाद में उपयोग के लिए रख लें।

शाकाहारी | तैयारी १० मिनट | बनाने में १० मिनट | परोसें ४ व्यक्तियों को

सामग्री

३ मध्यम आकार के केरी, छीले, गुठली निकाले और काटे हुए

२ मध्यम आकार के प्याज, कद्दूकस किए

४-६ हरी मिर्च, कटी हुई

१ बड़ा चम्मच अनारदाना

२ बड़े चम्मच नींबू का रस

$^{१}/_{२}$ छोटा चम्मच काला नमक

स्वादानुसार नमक

$^{१}/_{२}$ छोटा चम्मच शक्कर

ग्रीन मैंगो एंड अनियन चटनी

१. केरी, हरी मिर्च, अनारदाना, नींबू का रस, नमक और शक्कर ब्लेंडर में डालकर ब्लेंड कर लें।

२. जरूरत पड़ने पर थोड़ा पानी मिलाएं।

३. कद्दूकस किए प्याज को दबाकर अतिरिक्त पानी निकाल दें और चटनी में मिलाएं।

शाकाहारी | तैयारी १० मिनट | बनाने में कोई समय नहीं | परोसें ४ व्यक्तियों को

पाइन्एप्पल्

योगर्ट फूल

सामग्री

¹/₂ मध्यम आकार का अनन्नास छोटे चौकोर टुकड़ों में कटा

¹/₂ कप शक्कर

१ इंच दालचीनी

¹/₂ कप स्किम्ड् दूध का दही, पानी निकाला हुआ

१. अनन्नास, शक्कर और दालचीनी एक पैन में मिलाएं और तीस मिनट तक स्ट्यू करें। इसे ठंडा कर लें।

२. अनन्नास के टुकड़े निकालकर पानी निकाले दही में मिलाएं। इसे ब्लेंड कर रेफ्रीजरेट कर लें।

३. ठंडा-ठंडा परोसें।

शाकाहारी | तैयारी १० मिनट | बनाने में ४० मिनट | परोसें ४ व्यक्तियों को

सीताफल

बासुंदी

सामग्री

१¹/₂ लीटर (७¹/₂ कप) स्किम्ड् दूध

१ कप सीताफल का गूदा

¹/₂ कप शक्कर

¹/₂ छोटा चम्मच हरी इलायची पाउडर

१०-१२ पिस्ता, स्लाइस किए हुए

१ बड़ा चम्मच चिरौंजी

१०-१२ बादाम, नर्म कर के कतरे हुए

३-४ गुलाब की पंखुड़ियां (वैकल्पिक)

१. एक पैन में तेज आंच पर दूध उबाल लें। आंच धीगी कर आधे घंटे तक दूध गाढ़ा करें। चलाते रहें ताकि दूध जमे नहीं और न ही पेंदी में चिपके। जब दूध आधा हो जाए तो शक्कर मिलाएं। पांच मिनट तक उबालें और उतारकर ठंडा होने के लिए छोड़ दें।

२. ठंडा हो जाने पर सीताफल का गूदा, इलायची पाउडर, स्लाइस किया पिस्ता और चिरौंजी डालें।

३. परोसने वाली कटोरियों में डालें और बादाम की कतरनों और गुलाब की पँखुड़ियों से सजा लें।

४. ठंडा परोसें।

शाकाहारी | तैयारी १० मिनट | बनाने में ३० मिनट | परोसें ४ व्यक्तियों को

ज़ाफरानी
सेवइयां

सामग्री

- ५ बड़े चम्मच सेवइयां
- १०-१५ केसर के रेशे
- १ १/२ लीटर (७ १/२ कप) स्किम्ड् दूध
- ८ बड़े चम्मच शक्कर
- २० किशमिश
- १ छोटा चम्मच हरी इलायची पाउडर
- १ बड़ा चम्मच बादाम, कतरे और भूने हुए

१. नॉन स्टिक पैन गर्म करें। हल्का भूरा होने तक सेवइयां धीमी आंच पर भूनें।

२. गहरे पैन में दूध डालें और उबालें। धीमी आंच पर आधा होने तक गाढ़ा करें।

३. शक्कर मिलाएं और घुलने तक पकाएं। सेवइयां और किशमिश डालें और दो मिनट तक पकाएं।

४. आंच से पैन उतारें। केसर और इलायची पाउडर डालें और अच्छी तरह मिलाएं।

५. बादाम के भूने हुए कतरों से सजाकर ठंडा या गरम परोसें।

शाकाहारी | तैयारी १० मिनट | बनाने में ४५ मिनट | परोसें ४ व्यक्तियों को

ज़ाफरानी
सेवइयां

सूजी
खीर

सामग्री

१/२ कप सूजी/रवा

१/२ लीटर (७१/२ कप) स्किम्ड् दूध

७-८ केसर के रेशे

१/२ कप शक्कर

२ बड़े चम्मच चिरौंजी

२० बादाम, नर्म किए और कतरे हुए

१. एक पैन में धीमी आंच पर पंद्रह मिनट तक या हल्का भूरा होने तक सूजी भूनें।

२. एक बड़े चम्मच दूध में केसर भिगो लें।

३. बाकी दूध को उबालें और गाढ़ा कर एक लीटर कर लें।

४. गाढ़ा दूध सूजी में डालें और लगातार चलाते रहें ताकि सूजी के ढेले न बन जाएं।

५. तेज आंच पर उबलने तक पकाएं। शक्कर डालें और दो-तीन मिनट उबाल लें।

६. केसर डालकर अच्छी तरह मिला लें।

७. चिरौंजी और बादाम की कतरनों से सजाकर ठंडा या गर्म परोसें।

शाकाहारी | तैयारी १५ मिनट | बनाने में २५ मिनट | परोसें ४ व्यक्तियों को

सामग्री

१/२ कप छेना, गाय के स्किम्ड् दूध से बना

१ लीटर (पांच कप) स्किमड दूध

१/२ कप शक्कर

५-६ बादाम, नर्म किए और काटे हुए

७-८ पिस्ता, नर्म किए और काटे हुए

छेनार

पायेश

१. दूध गर्म करें, धीमी आंच पर दूध गाढ़ा कर आधा कर लें।

२. शक्कर डालें और पकाकर मिला लें।

३. एक कटोरे में छेना मसल लें। उसे दूध में डालें और दो मिनट पकाएं।

४. बादाम और पिस्ता छिड़कें और ठंडा-ठंडा परोसें।

शेफ का सुझाव : *अगर गाय के दूध का छेना न मिले तो भैंस के दूध का छेना ले सकते हैं। मैं गाय के दूध का छेना इसलिए सुझाता हूं कि उसमें फैट कम रहता है।*

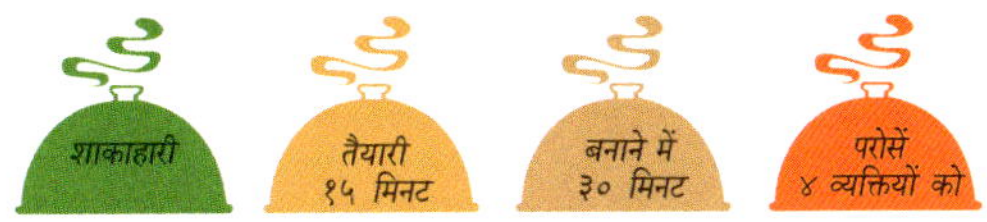

सामग्री

२ मध्यम आकार की गाजर, कद्दूकस किए

१ लीटर (पांच कप) स्किम्ड् दूध

१/३ कप शक्कर

१/४ छोटा चम्मच हरी इलायची पाउडर

२ बड़े चम्मच किशमिश

गाजर

की खीर

१. दूध उबालें और धीमी आंच पर उसे तीन चौथाई होने तक गाढ़ा करें।

२. गाजर डालें और धीमी आंच पर पंद्रह से बीस मिनट तक या गाजर के गलने तक पकाएं।

३. शक्कर डालें और चलाते हुए पकाएं ताकि शक्कर घुल जाए।

४. हरी इलायची पाउडर डालें और अच्छी तरह मिला लें।

५. किशमिश से सजाकर परोसें।

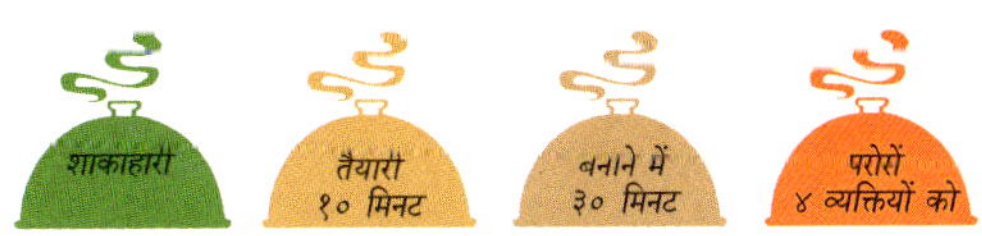

अंजीर
का मीठा

सीताफल
बासुंदी

सामग्री

२५० ग्राम सूखे अंजीर

२५० ग्राम सूखे बीजरहित खजूर

१/४ कप स्किम्ड् दूध पाउडर

४-५ बादाम, भूने और कतरे हुए

अंजीर का

मीठा

१. तीन कप पानी में तीन-चार घंटों के लिए अंजीर भिगो लें। भिगोने के लिए जो पानी लिया था, उसी में तीन से पांच मिनट तक उबालें।

२. पैन आंच से उतार लें। अंजीर छान लें और थोड़ा ठंडा कर लें। कुछ अंजीर रख लें और बाकी की प्यूरी बना लें। रखी गयी अंजीर काट लें।

३. खजूर काट लें और दो कप गर्म पानी में पंद्रह-बीस मिनट के लिए भिगो लें। पानी से निकालकर प्यूरी बना लें।

४. दोनों प्यूरी मिलाएं। उसमें स्किम्ड् दूध का पाउडर डालें। अच्छी तरह मिलाकर धीमी आंच पर पंद्रह से बीस मिनट के लिए पकाएं।

५. कटा हुआ अंजीर डालें और दो-तीन मिनट पकाएं।

६. बादाम की कतरनों से सजाकर परोसें।

शाकाहारी | तैयारी ३ घंटे | बनाने में २५ मिनट | परोसें ४ व्यक्तियों को

संलग्न

चिकन स्टॉक

२०० ग्राम हड्डियों को धोकर साफ कर लें, मांस के टुकड़े हो तो साफ कर लें. आवश्यक पानी गरम कर उसमें हड्डियां डालकर पांच मिनट तक उबाल लें. हड्डियां निकाल कर पानी फेंक दें।

आधा उबाले हड्डियां, १ मध्यम आकार का प्याज, ४ टुकडे किये हुए, १ मध्यम आकार की गाजर, २-३ बड़े टुकड़े किये हुए, १ सेलरी डंठल, २ इंच के टुकड़े किये हुए, २-३ पार्सले डंठल, २ इंच के टुकड़ो में कटे हुए, १ लीक, २ इंच के टुकड़े किये हुए, ६-७ काली मिर्च, ५-६ लौंग और १ तेज पत्ता, एक गहरे पैंन में डालकर उसमें दस कप पानी डालिये आँच पर रख कर और गर्म करें। उबलने पर, उपर आनेवाले गंदे झाग को निकालकर उतना ही ठंडा पानी डालें. कम से कम एक घंटे तक मध्यम आँच में उसे उबालें।

आँच बंद कर इसे छान लें. ठंडा कर फ्रिज में इसे रखें।

शेफ का सुझाव: *चिकन के जो भाग उपयोग में नही आते हैं जैसे गर्दन, पंख और हड्डियों का भी इस स्टॉक के लिए इस्तेमाल कर सकते हैं।*

गोडा मसाला

१ कप साबुत धनिया, २ बड़े चम्मच साबुत जीरा, $^1/_4$ कप पत्थर फूल, छः दो इंच की दालचीनी, १६ हरी इलायची, २५ लौंग, $^3/_4$ छोटा चम्मच शाही जीरा, १०-१२ काली मिर्च, १०-१२ तेज पत्ते, १ छोटा चम्मच नागकेशर, २ जावित्री के टुकडे, ३ बड़े चम्मच कद्दूकस किया हुआ खोपरा, १ छोटा चम्मच तिल, ३ साबुत लाल मिर्च और १ छोटा चम्मच हींग सारी सामग्रियां अलग-अलग भून लें. ठंडा कर के बारीक पाउडर बना लें और बोतल में रख लें। यह रेसीपी सौ ग्राम गोडा मसाला के लिए है।

वेजिटेबल स्टॉक

एक पैंन में पांच कप पानी, १ मध्यम आकार का प्याज और $^1/_2$ मध्यम आकार का गाजर के स्लाइस किये हुए, ३ इंच सेलरी डंठल, कटा हुआ, २ लहसुन की कलियां, कूटी हुई, १ तेज पत्ता, ५-६ काली मिर्च और २-३ लौंग को मिला लें और आँच पर रखकर गर्म करें।

पंद्रह मिनट तक धीमी आंच पर उबालें और छान लें। ठंडा कर रेफ्रीजरेटर में बाद के इस्तेमाल के लिए रख लें।

पॉप्युलर प्रकाशन www.popularprakashan.com
पॉप्युलर प्रकाशन www.popularprakashan.com
पॉप्युलर प्रकाशन www.popularprakashan.com
पॉप्युलर प्रकाशन www.popularprakashan.com
पॉप्युलर प्रकाशन www.popularprakashan.com
पॉप्युलर प्रकाशन www.popularprakashan.com
पॉप्युलर प्रकाशन www.popularprakashan.com
पॉप्युलर प्रकाशन www.popularprakashan.com
पॉप्युलर प्रकाशन www.popularprakashan.com
पॉप्युलर प्रकाशन www.popularprakashan.com
पॉप्युलर प्रकाशन www.popularprakashan.com
पॉप्युलर प्रकाशन www.popularprakashan.com
पॉप्युलर प्रकाशन www.popularprakashan.com
पॉप्युलर प्रकाशन www.popularprakashan.com
पॉप्युलर प्रकाशन www.popularprakashan.com
पॉप्युलर प्रकाशन www.popularprakashan.com
पॉप्युलर प्रकाशन www.popularprakashan.com
पॉप्युलर प्रकाशन www.popularprakashan.com
पॉप्युलर प्रकाशन www.popularprakashan.com
पॉप्युलर प्रकाशन www.popularprakashan.com
पॉप्युलर प्रकाशन www.popularprakashan.com
पॉप्युलर प्रकाशन www.popularprakashan.com
पॉप्युलर प्रकाशन www.popularprakashan.com
पॉप्युलर प्रकाशन www.popularprakashan.com
पॉप्युलर प्रकाशन www.popularprakashan.com
पॉप्युलर प्रकाशन www.popularprakashan.com
पॉप्युलर प्रकाशन www.popularprakashan.com
पॉप्युलर प्रकाशन www.popularprakashan.com
पॉप्युलर प्रकाशन www.popularprakashan.com
पॉप्युलर प्रकाशन www.popularprakashan.com
पॉप्युलर प्रकाशन www.popularprakashan.com
पॉप्युलर प्रकाशन www.popularprakashan.com
पॉप्युलर प्रकाशन www.popularprakashan.com
पॉप्युलर प्रकाशन www.popularprakashan.com
पॉप्युलर प्रकाशन www.popularprakashan.com
पॉप्युलर प्रकाशन www.popularprakashan.com
पॉप्युलर प्रकाशन www.popularprakashan.com
पॉप्युलर प्रकाशन www.popularprakashan.com
पॉप्युलर प्रकाशन www.popularprakashan.com
पॉप्युलर प्रकाशन www.popularprakashan.com
पॉप्युलर प्रकाशन www.popularprakashan.com
पॉप्युलर प्रकाशन www.popularprakashan.com
पॉप्युलर प्रकाशन www.popularprakashan.com
पॉप्युलर प्रकाशन www.popularprakashan.com
पॉप्युलर प्रकाशन www.popularprakashan.com
पॉप्युलर प्रकाशन www.popularprakashan.com
पॉप्युलर प्रकाशन www.popularprakashan.com
पॉप्युलर प्रकाशन www.popularprakashan.com
पॉप्युलर प्रकाशन www.popularprakashan.com
पॉप्युलर प्रकाशन www.popularprakashan.com
पॉप्युलर प्रकाशन www.popularprakashan.com
पॉप्युलर प्रकाशन www.popularprakashan.com
पॉप्युलर प्रकाशन www.popularprakashan.com
पॉप्युलर प्रकाशन www.popularprakashan.com
पॉप्युलर प्रकाशन www.popularprakashan.com